Wochenausgabe. Heft 7.

Entscheidungen des Reichsgerichts.

Herausgegeben von

den Mitgliedern des Gerichtshofes und der Reichsanwaltschaft.

Entscheidungen des Reichsgerichts in Zivilsachen.

Neue Folge.

Fünfzigster Band.

Der ganzen Reihe
hundertster Band.

Berlin und Leipzig 1921
Vereinigung wissenschaftlicher Verleger
Walter de Gruyter & Co.
vormals G. J. Göschen'sche Verlagshandlung :: J. Guttentag, Verlagsbuchhandlung :: Georg Reimer :: Karl J. Trübner :: Veit & Comp.

Die „Entscheidungen in Zivilsachen" werden in Wochenheften im Umfange zu 2—3 Bogen, sowie in vollständigen Bänden, geheftet und gebunden, ausgegeben. Halbleinen-Einbanddecken werden zum Preise von ℳ 7.20 für die Decke geliefert. Halbfranz-Einbanddecken können bis auf weiteres noch nicht geliefert werden.

Inhalt.

Seite

73. Steht die Ausstellung eines Schweizer Konkursverlustscheines einer Klage des Gläubigers auf Zahlung seiner ausgefallenen Forderung bei einem inländischen Gericht entgegen? 241
74. Preuß. Tumultges. v. 11. März 1850. Sind die §§ 14, 15 Abs. 1 des RG. über die durch innere Unruhen verursachten Schäden v. 12. Mai 1920 in der Revisionsinstanz auch dann anzuwenden, wenn sie bei Erlaß des Berufungsurteils noch nicht in Geltung waren? 243
75. Wirkung des Verbots der preuß. Kriegsministerialverordnung v. 1. April 1915 über Verkauf von Bankazinn. Ankauf beschlagnahmter Gegenstände des Kriegsbedarfs als Verstoß gegen die guten Sitten 246
76. Verhältnis von Ausstattung zum Geschmacksmuster 250
77. Greift die Vorteilsausgleichung Platz, wenn der Wert des vom ausgefallenen Hypothekengläubiger erstandenen Grundstücks erst durch spätere unvorhersehbar gewesene Verhältnisse eine Steigerung erfahren hat? 255
78. Rechtzeitige Geltendmachung von Befreiungsklauseln. Rohstoffmangel als Betriebsstörung. Kann der Verkäufer sich auf eine Befreiungsklausel berufen, wenn er es schuldhaft unterlassen hat, gegenüber seinem Rohstofflieferanten auf Lieferung zu bestehen? 258
79. Können ursprünglich verwechselungsfähige Warenzeichen durch ungestörten jahrelangen Gebrauch nebeneinander ihre Verwechselungsfähigkeit verlieren? 264
80. Kann nach § 12 WZG. die Löschung einer Firma verlangt werden, die das eingetragene Warenzeichen als Firmenbestandteil aufgenommen hat? . . . 266
81. Kann die Wiedereinsetzung i. d. v. St. gegen den Ablauf der Berufungsfrist versagt werden, weil der Gesuchsteller, der im ersten Rechtszuge das Armenrecht gehabt hatte, seinem Armenrechtsgesuche für den zweiten Rechtszug kein neues Armutszeugnis beigefügt hat? 268
82. Erstreckt sich die Kirchenbaulast des Zehntherrn und Patrons auch auf den Bau von Wohnungen katholischer Hilfskapläne? 271
83. Zu verschiedenen Fragen aus dem Gebiete des Pfandrechts an Rechten, namentlich an dem Geschäftsanteil einer Gesellschaft m. b. H. 274
84. Von welchem Zeitpunkt an kann im Fall der Testamentsvollstreckung eine Nachlaßforderung mit der Folge geltend gemacht werden, daß die sechsmonatige Verjährungsfrist des § 207 BGB. zu laufen beginnt? Widerruf der Eidesleistung 279
85. Ist der beurkundende Notar amtlich verpflichtet, die Beteiligten über die wirtschaftlichen Gefahren des beabsichtigten Vertrags zu belehren und ihnen auf Verlangen seinen Vertragsentwurf auszuhändigen? Haftung des Notars für den Notarvertreter 284

Sachregister 289
Gesetzesregister 300
Zusammenstellung nach der Zeitfolge 311
Zusammenstellung nach Oberlandesgerichtsbezirken 315
Berichtigung 316

Literarischer Anzeiger

zu den

Entscheidungen des Reichsgerichts.

Vereinigung wissenschaftlicher Verleger Walter de Gruyter & Co.

Berlin W. 10 und Leipzig.

№	Der „Literarische Anzeiger" erscheint in zwanglosen Nummern und bildet eine unentgeltliche Beilage der Entscheidungen des Reichsgerichts in Zivilsachen und in Strafsachen. Für seinen Inhalt ist ausschließlich die Verlagsbuchhandlung verantwortlich. Preis der einmal gespaltenen Petitzeile *M* 1.—.	100

Metzger & Wittig, Leipzig.

73. 1. Steht die Ausstellung eines Schweizer Konkursverlustscheins einer Klage des Gläubigers auf Zahlung seiner ausgefallenen Forderung bei einem inländischen Gericht entgegen?

2. Welche Bedeutung kommt hierbei dem Umstande zu, daß das Vertragsverhältnis selbst nach Schweizer Recht zu beurteilen ist?

VI. Zivilsenat. Urt. v. 21. Oktober 1920 i. S. R. (Bekl.) w. G. (Kl.). VI 271/20.

I. Landgericht Freiburg i. B. — II. Oberlandesgericht Karlsruhe.

Der Beklagte war als Besitzer einer in M., Kanton Basel-Land, belegenen Fabrik im Jahre 1912 in Konkurs geraten. Zu diesem meldete der Kläger eine Forderung von 12763,20 Frs an, auf die 741,45 Frs zur Auszahlung gelangten. Für den Rest mit 12021,70 Frs erhielt er einen durch das zuständige Konkursamt am 1. Mai 1913 ausgestellten Konkursverlustschein. Nachdem der Beklagte später bei den Chemischen Werken in Grenzach in Dienst getreten war — seinen Wohnsitz hatte er in Basel —, erhob der Kläger bei dem zuständigen Landgerichte Klage auf Zahlung eines Teilbetrags seiner Restforderung in Höhe von 4000 Frs. Der Beklagte machte Unzuständigkeit des angerufenen Gerichts und Unzulässigkeit der Klage geltend, da nach Schweizer Recht der Konkursverlustschein einem rechtskräftigen Urteile gleichstehe, auch eine neue Betreibung erst dann zulässig sei, wenn er als Schuldner zu neuem Vermögen gelangt sei. Dies sei nicht der Fall.

Die Vorinstanzen haben der Klage stattgegeben. Die Revision ist zurückgewiesen worden aus folgenden

Gründen:

... Der Beklagte hatte eingewandt, nach Art. 265 des Schweizer Konkursgesetzes sei eine neue Betreibung gegen den Konkursschuldner erst dann zulässig, wenn er neues Vermögen erworben habe. Dies sei bei ihm nicht der Fall.

Das Landgericht wies diesen Einwand als unbeachtlich zurück, da die Bestimmung lediglich prozeßrechtliche Bedeutung habe und daher in Deutschland nicht zur Anwendung gelangen könne Das Oberlandesgericht hat sich dieser Ansicht im ersten Punkte nicht angeschlossen. Es sagt, die Natur der Vorschrift sei bestritten, es bedürfe aber keiner Entscheidung, ob sie materiell- oder prozeßrechtlicher Art sei. Die deutsche KO. werde von dem Territorialitätsprinzip beherrscht. Damit sei der Vorschrift in einem in Deutschland anhängigen Verfahren die Anwendung überhaupt versagt, selbst wenn das streitige Rechtsverhältnis nach Schweizer Recht zu beurteilen sei.

Demgegenüber hat die Revision geltend gemacht, das Berufungsgericht habe die Frage, ob die Vorschrift des Schweizer Konkursgesetzes materiell- oder prozeßrechtlicher Natur sei, nicht unentschieden lassen dürfen. Sei nämlich ersteres der Fall — und das sei nach der Literatur und der Rechtsprechung des Schweizer Bundesgerichts anzunehmen —, so müsse sie auch vom deutschen Richter bei Anwendung Schweizer Rechtes auf das Schuldverhältnis beachtet werden. Daß aber Schweizer Recht für den vorliegenden Fall anzuwenden sei, sei nach den Ausführungen des Berufungsgerichts zum mindesten zu unterstellen.

Diese Rüge ist nicht begründet.

Für die deutsche KO. gilt, wenn auch einzelne Ansätze zum Universalitätsprinzip vorhanden sind, der Grundsatz der Territorialität. Dies hat das Reichsgericht (RGZ. Bd. 6 S 401, Bd. 14 S. 405, Bd. 21 S. 7, Bd. 52 S. 155, Bd. 54 S. 193) mehrfach ausgesprochen und insoweit hat auch die Revision keinen Angriff erhoben. Damit fällt aber, was die Revision verkennt, ohne weiteres der aus Art. 265 des Schweizer Konkursgesetzes hergeleitete Einwand, gleichgültig ob diese Bestimmung materiell- oder prozeßrechtlicher Natur ist.

Der § 237 KO. bestimmt, daß die Zwangsvollstreckung in inländisches Vermögen eines Schuldners, über dessen Vermögen im Auslande das Konkursverfahren eröffnet ist, zulässig ist. Daraus folgt, daß das im Ausland eröffnete Konkursverfahren nur das ausländische, nicht aber das im Inlande befindliche Vermögen des Schuldners erfaßt, daß also die Wirkungen des ausländischen Konkursverfahrens nicht in das Inland übergreifen, sondern auf das Gebiet beschränkt sind, in dem das ausländische Konkursgesetz gilt. Danach kann aber auch ausländischen Konkursvorschriften wie der des Art. 265 des Schweizer Konkursgesetzes, durch die der Anspruch eines inländischen Gläubigers auf volle Befriedigung seiner Forderung aufgehoben oder beschränkt wird, ohne Rücksicht auf ihre Natur nur insoweit Geltung zuerkannt werden, als die Wirkungen des ausländischen Konkursverfahrens reichen, nämlich nur so weit, als ausländisches Vermögen des Schuldners in Frage kommt. Außerhalb dieses Gebietes und soweit es sich um Befriedigung aus den im Inlande befindlichen Vermögensstücken handelt, die den ausländischen Konkursvorschriften nicht unterworfen sind, muß ihnen die Anerkennung versagt werden.

Das Berufungsgericht hat nun eine Entscheidung darüber, welches Recht für das vorliegende Schuldverhältnis zur Anwendung zu gelangen hat, nicht ausdrücklich gegeben, und es muß der Revision darin beigetreten werden, daß zu unterstellen ist, daß es nach Schweizer Recht zu beurteilen sei. Dies ändert jedoch an dem Ergebnis nichts.

Wenn, wie hier zu unterstellen, nach dem Willen der Parteien für ein zwischen ihnen bestehendes Schuldverhältnis das Recht eines ausländischen Erfüllungsortes maßgebend sein soll, so ist daraus zunächst nur die Folgerung zu ziehen, daß ausländisches Recht insoweit zur Anwendung kommen soll, als es sich um die aus dem Schuldverhältnis entspringenden Rechtsverhältnisse handelt, nicht aber, daß auch ausländische Konkursvorschriften, die das Recht des Gläubigers auf volle Befriedigung seines Anspruchs beschränken, ohne weiteres gelten sollen. Wollte man aber auch diese letzteren als mitumfaßt ansehen, so könnte ihre Geltung doch nur insoweit gewollt sein, als ihnen eine solche überhaupt zukommt. Damit entfällt sie aber im vorliegenden Falle, wo der Gläubiger nur aus inländischen, ihnen nicht unterworfenen Vermögensstücken des Schuldners Befriedigung sucht, selbst dann, wenn für das Schuldverhältnis das Recht des ausländischen Erfüllungsortes maßgebend ist. Im übrigen ergeben die obigen Ausführungen, daß die Anwendung ausländischer Konkursvorschriften im Inland auch dann nicht nach dem Rechte des Erfüllungsortes, sondern nach anderen Rechtsgrundsätzen zu beurteilen ist, wenn das Schuldverhältnis dem Rechte des Erfüllungsortes untersteht.

Endlich ist noch zu beachten, daß die Wirkungen des angef. Art. 265 erst dann eintreten, wenn das zuständige Gericht das Konkursverfahren geprüft und für geschlossen erklärt hat. Einem solchen Rechtsakt eines ausländischen Gerichts, der durch das ausländische Gesetz für dessen Gebiet mit dieser Wirkung ausgestattet ist, kann ebensowenig wie an sich einem ausländischen Urteile für das Inland Rechtswirkung beigelegt werden.

Von diesen Grundsätzen, die das Reichsgericht bereits in den oben angeführten Entscheidungen entwickelt hat, abzugehen, lag für den Senat keine Veranlassung vor.

---

74. 1. Wird die Anwendung des preuß. Tumultgesetzes vom 11. März 1850 auf öffentliche Aufläufe dadurch ausgeschlossen, daß die revolutionäre Bewegung siegreich ist?

2. Sind die Vorschriften der §§ 14, 15 Abs. 1 des Reichsgesetzes über die durch innere Unruhen verursachten Schäden vom 12. Mai 1920 in der Revisionsinstanz auch dann anzuwenden, wenn sie bei Erlaß des angefochtenen Berufungsurteils noch nicht in Geltung waren?

VI. Zivilsenat. Urt. v. 25. Oktober 1920 i. S. Stadtgemeinde Berlin (Bekl.) w. T. (Kl.). VI 139/20.

I. Landgericht I Berlin. — II. Kammergericht daselbst.

Am 10. und 11. November 1918 fanden auf dem Alexanderplatz in Berlin Unruhen statt, bei denen das Eigentum der Klägerin nach ihrer Behauptung beschädigt wurde. Sie macht für ihren Schaden die Beklagte unter Berufung auf das preußische Tumultschadengesetz vom 11. März 1850 verantwortlich. Das Landgericht erachtete den Klaganspruch dem Grunde nach für gerechtfertigt und das Kammergericht stimmte im wesentlichen zu. Die Revision der Beklagten wurde mit einer aus den Entscheidungsgründen ersichtlichen Maßgabe zurückgewiesen.

Gründe:

In Beziehung auf die Entstehung des von der Klägerin behaupteten Schadens hat sich das Berufungsgericht den Ausführungen des Landgerichts angeschlossen. Letzteres hat festgestellt, daß am 10. und 11. November 1918 auf dem Alexanderplatz in Berlin große Menschenmengen versammelt waren, daß geschossen wurde und der Platz in der Nacht teilweise abgesperrt war, ferner, daß das Warenhaus der Klägerin wegen dieser Vorgänge früher schließen mußte. An verschiedenen Glasscheiben, der Spiegelrückwand eines Schaukastens, an einer Tischdecke, einer kleinen Decke und der Uhr auf dem Dache fanden sich Schußverletzungen, ferner war eine große Scheibe eingeschlagen. Die Beschädigungen sind, wie das Landgericht weiter sagt, von Teilen der auf dem Alexanderplatze versammelten Menge unter Anwendung offener Gewalt verursacht worden.

Dieser Tatbestand ist an sich geeignet, die im § 1 des Tumultschadengesetzes aufgestellten Erfordernisse für einen Schadensersatzanspruch des Verletzten gegen die Gemeinde zu erfüllen. Die Revision wendet ein, es müsse für diese Instanz unterstellt werden, daß die Schäden von einer der kämpfenden Parteien und zwar von den organisierten Anhängern der Volksbeauftragten verursacht seien, die schon damals die rechtmäßige Regierung gebildet hätten. Es handele sich um echte Revolutionserscheinungen und auf solche und die mit ihnen im unmittelbaren Zusammenhange stehenden Schäden finde das Tumultgesetz keine Anwendung, auch fehle den schädigenden Handlungen die Rechtswidrigkeit. Weiter werden die grundsätzlichen Ausführungen des Berufungsgerichts über die Anwendbarkeit des Tumultschadengesetzes bekämpft.

Die Revision konnte nicht als begründet angesehen werden.

Das Berufungsgericht hält es für unerheblich, ob die Schäden auf Handlungen der Kampfparteien oder auf solche von Teilnehmern an Zusammenläufen, die sich ohne politische Beweggründe gebildet hatten, zurückzuführen seien. Für den letzteren Fall hält es das Tumultschadengesetz mit Recht unbedenklich für anwendbar. Im ersteren Falle komme es nicht darauf an, ob das Polizeipräsidium damals noch im Besitze von Anhängern der alten Regierung gewesen sei oder sich schon in der Gewalt der Revolutionäre befunden habe, in beiden Fällen greife das Tumultschadengesetz Platz.

Über die meisten der für die Entscheidung grundsätzlich in Betracht kommenden Fragen hat sich der Senat bereits ausgesprochen. (Wird näher dargelegt.) ...

... Das Berufungsgericht führt ferner aus, die alte Staatsgewalt sei zur Zeit der hier erheblichen Vorgänge noch nicht durch den Rat der Volksbeauftragten ersetzt gewesen, die Mehrheit der Volksgenossen habe ihn noch nicht als gefestigte Regierung anerkannt. Infolgedessen sei die Verteidigung der Regierung gesetzmäßig und der Angriff der Revolutionäre rechtswidrig gewesen. Dagegen stellt die Revision die Rechtswidrigkeit der schädigenden Handlungen überhaupt in Abrede. Dieser Auffassung kann nicht zugestimmt werden. Verletzungen von Personen und Beschädigungen des Eigentums sind als solche rechtswidrig, sofern sie nicht durch besondere Umstände gerechtfertigt werden; ein solcher Umstand aber kann in dem politischen Zwecke des Auflaufs nicht gefunden werden. Ob die politische Bewegung erfolgreich ist oder nicht, erachtet das Berufungsgericht als unerheblich, weil die Rechtswidrigkeit der Gewalthandlungen nach dem Zeitpunkt ihrer Ausführung zu beurteilen sei und die Ausschaltung der erfolgreichen revolutionären Bewegungen den Zweck des Gesetzes, von gewaltsamen Bewegungen gegen die öffentliche Ordnung abzuhalten, vereiteln würde. Dem ist jedenfalls im Ergebnis zuzustimmen. Aus dem Gesetze lassen sich keine Anhaltspunkte dafür entnehmen, daß die Rechtswidrigkeit der Beschädigungen oder überhaupt die Haftung der Gemeinden von dem Ausgange der tumultuarischen Bewegungen abhängig sein sollte. In Frankreich ist allerdings nach Moericke, Die deutschen Tumultgesetze, S. 6, in einem Gesetze vom 30. September 1830 verfügt worden, daß der durch einen gerechten Tumult verursachte Schaden aus der Staatskasse nicht zu vergüten sei. Aber dieser Standpunkt ist dem preußischen Gesetze fremd. ...

Obgleich hiernach die erwähnten Angriffe der Revision nicht als berechtigt anerkannt werden können, war das Rechtsmittel nicht lediglich zurückzuweisen, weil jetzt das Reichsgesetz über die durch innere Unruhen verursachten Schäden vom 12. Mai 1920 eingreift. Es handelt sich in der Klage um einen Vermögensschaden, der nach dem 1. November 1918, aber vor dem Inkrafttreten des Reichsgesetzes entstanden ist und, wie aus dem Sachverhalt ohne weiteres erhellt, im Zusammenhange mit inneren Unruhen steht. Für solche durch offene Gewalt oder ihre Abwehr verursachte Schäden bestimmt § 15 a. a. O., daß zwar die bisherigen Gesetze maßgebend bleiben, aber der Ersatz mittelbaren Schadens und entgangenen Gewinns sowie der

Ersatz für Gegenstände, die dem Luxusbedürfnis des Betroffenen dienen, nicht beansprucht werden kann. Nur rechtskräftig festgestellte Ansprüche sollen unberührt bleiben. Das Reichsgesetz war bei Erlaß des Berufungsurteils noch nicht in Geltung und konnte daher von dem Berufungsgericht auch nicht beachtet werden. Nun wird freilich auf Grund der Vorschriften in §§ 549, 550 ZPO. die Meinung vertreten, daß die Prüfung des Berufungsurteils durch das Revisionsgericht nur auf Grundlage der zur Zeit seiner Verkündung in Geltung gewesenen Gesetze erfolgen dürfe, und hieraus ist geschlossen worden, daß Art. 201 EG. zu BGB. bei der Prüfung eines vor dem 1. Januar 1900 verkündeten Berufungsurteils außer Betracht zu bleiben habe (vgl. die Urt. des III. und VI. Zivilsenats RGZ. Bd. 45 S. 98 und 421; s. auch Bd. 63 S. 141). Für den vorliegenden Fall kann indes dahingestellt bleiben, ob der oben wiedergegebenen Auslegung der §§ 549, 550 ZPO. lediglich zuzustimmen ist. Auch wenn das Gericht, wie es in RGZ. Bd. 46 S. 422 ausgedrückt wird, bei einer ihm obliegenden Entscheidung immer zunächst die ihm durch das Prozeßrecht gesetzten Grenzen festzustellen hat und das materielle Recht nur innerhalb derselben zur Geltung bringen kann, ist das Reichsgesetz in der Revisionsinstanz anzuwenden. Sein Wortlaut ergibt deutlich, daß seine die rückwirkende Kraft betreffenden Bestimmungen nicht durch Berufung auf die Vorschriften der ZPO. beschränkt werden dürfen. Wenn in § 14 bestimmt wird, daß wegen der Schäden an Leib und Leben von dem Inkrafttreten des Gesetzes an Ansprüche auf Grund landesgesetzlicher Vorschriften über den Ersatz von Aufruhrschäden gegen Länder oder Gemeinden nicht mehr geltend gemacht oder weiter verfolgt werden dürfen, so kann es keinem Zweifel unterliegen, daß diese Vorschrift in den Prozeßbetrieb eingreift und auch von dem Reichsgerichte zu beachten ist. Nicht anders steht es mit der Bestimmung des § 15, insoweit sie sagt, daß der Ersatz der angeführten Schäden nicht „beansprucht" werden könne. Dem neuen Rechte war daher durch eine entsprechende Einschränkung des Berufungsurteils zur Anerkennung zu verhelfen, und dies ist durch die in den entscheidenden Teil aufgenommene Maßgabe, die sich nicht nur auf das über den bezifferten Anspruch ergangene Grundurteil, sondern namentlich auch auf die Feststellungsklage bezieht, geschehen.

---

75. 1. Wirkung des Verbots der preuß. Kriegsministerialverordnung vom 1. April 1915 über Verkauf von Bankazinn.
2. Kann der Ankauf von beschlagnahmten Gegenständen des Kriegsbedarfs gegen die guten Sitten verstoßen?

3. Muß sich der Vertretene die sittenwidrige Handlung des Vertreters zurechnen lassen?

II. Zivilsenat. Urt. v. 26. Oktober 1920 i. S. Waren-Import-Gesellschaft m. b. H. (Bekl.) w. H. (Kl.). II 53/20.

I. Landgericht I Berlin, Kammer für Handelssachen. — II. Kammergericht daselbst.

Die Beklagte macht gegen die an sich unstreitige Klageforderung eine Gegenforderung von 13350 ℳ, teils aufrechnungsweise, teils widerklagweise geltend, darauf gestützt, daß sie am 20. Januar 1917 von der Klägerin 2675,6 kg Bankazinn zum Preise von 24 ℳ für das Kilogramm gekauft hatte. Mit der Zahlung dieses Kaufpreises, behauptet sie, sei die Klägerin ungerechtfertigt bereichert worden. Zunächst sei das ganze Kaufgeschäft nichtig, weil es gegen ein gesetzliches Verbot verstoße, nämlich gegen die Verordnung des preußischen Kriegsministeriums vom 1. April 1915, die das Zinn beschlagnahmt habe und seinen Verkauf untersage; sodann sei mindestens Herabsetzung des gezahlten Preises mit Rücksicht auf die Verordnung, betr. die Höchstpreise von Kupfer usw. vom 10. Dezember 1914, 31. Juli 1916 und das Gesetz, betr. Höchstpreise vom 4. August 1914, 17. Dezember 1914, 21. Januar 1915 geboten.

Das Landgericht erachtete die Gegenforderung für berechtigt und erkannte vollständig nach den Anträgen der Beklagten. Dagegen verurteilte das Kammergericht die Beklagte, 5156,85 ℳ zu bezahlen; die Mehrforderung der Klägerin und die Widerklage wies es ab. Die Revision der Beklagten wurde zurückgewiesen.

Gründe:

... Das Berufungsgericht stellt fest, daß sich die Klägerin beim Verkaufe des Bankazinns gegen das Verbot vergangen habe, das in der genannten Verordnung des preußischen Kriegsministeriums vom 1. April 1915 enthalten sei. Damit habe die Klägerin zugleich gegen die guten Sitten verstoßen. Ebenso habe sich die Beklagte gegen jenes Verbot vergangen, denn indem sie das Zinn von der Klägerin gekauft habe, habe sie sich zur Teilnehmerin des Vergehens der Klägerin gemacht, überdies die Klägerin zur Übertretung des Verbots „angereizt", was ebenfalls nach der Verordnung vom 1. April 1915 strafbar sei.

Die Annahme, daß die Beklagte Teilnehmerin an der verbotenen Verkaufshandlung der Klägerin durch den Ankauf des Bankazinns geworden sei, ist verfehlt. Sofern sich das Verbot lediglich gegen den Verkauf richtete, wie das Berufungsgericht annimmt, läge nur eine sogenannte „notwendige Teilnahme" vor, die nicht vom Verbote des Verkaufens getroffen würde. Nach der Verordnung ist ferner „jedes Anreizen" zur Übertretung der erlassenen Vorschrift unter Strafe gestellt.

In dem bloßen Ankauf erblickt aber das Berufungsgericht mit Unrecht schon ein Anreizen zum Verkauf, und weitere Tatumstände, die ein Anreizen ergeben könnten, sind nicht festgestellt. Insoweit sind also die Gründe des Berufungsgerichts nicht ausreichend, um die Nichtigkeit des Kaufgeschäfts nach § 134 BGB. darzutun. Gleichwohl ist die Beurteilung im Ergebnis aus anderen Erwägungen zutreffend. In der Verordnung des preußischen Kriegsministeriums vom 1. April 1915 wird jede „Übertretung" unter Strafe gestellt. Als Normen, deren Übertretung in Frage kommt, sind aus der Verordnung erkennbar einmal diejenigen, die sich aus der darin begründeten Meldepflicht ergeben, sodann diejenigen, die aus der Beschlagnahme der von der Verordnung betroffenen Gegenstände folgen, endlich das in der Einleitung noch besonders hervorgehobene Verbot des Anreizens zur Übertretung der Normen. Ein Verbot, das den Verkauf als solchen untersagte, besteht ebensowenig wie ein Verbot des Ankaufs. Auch die Meldepflicht trifft den Besitzer der meldepflichtigen Gegenstände ohne Beziehung auf ein über sie abgeschlossenes obligatorisches Rechtsgeschäft; das Verbot des Anreizens zu Übertretungen richtet sich gleichfalls gegebenenfalls gegen den Verkäufer wie den Abkäufer der beschlagnahmten Sachen, und die Beschlagnahme endlich gebietet schlechthin ein derartiges Verhalten den beschlagnahmten Gegenständen gegenüber, daß der Zweck der Beschlagnahme, den Zugriff des Kriegsministeriums und der ihm unterstellten Kriegsrohstoffabteilung jederzeit zu ermöglichen, sichergestellt wird. Auch dieses Gebot richtet sich an jedermann, nicht nur an den Besitzer der Gegenstände, der selbstverständlich in erster Linie in Betracht kommt, sondern auch an jeden Dritten, der in die Lage kommen kann, auf die Gegenstände in einer Weise einzuwirken, daß die Aufrechterhaltung der Beschlagnahme gefährdet wird. Es ergibt sich daraus, daß die Verordnung jedes Rechtsgeschäft als solches für rechtlich unwirksam hinstellen will, das die Grundlage für eine Beeinträchtigung der Wirkungen der Beschlagnahme abgeben kann. Es liegt schon im Wesen der Beschlagnahme, daß sie das Geschäft selbst als gegen die Rechtsordnung verstoßend hinstellt, das den Zustand der Beschlagnahme gefährdet. Diese Bedeutung der Beschlagnahme ist nachmals auch durch die BRV. vom 24. Juni 1915 über die Lieferung des Kriegsbedarfs (RGBl. S. 357) in § 4 anerkannt worden, wonach „die Vornahme von Veränderungen an den von ihr berührten Gegenständen verboten ist und rechtsgeschäftliche Verfügungen über sie nichtig sind". Ist nun auch der schuldbegründende Kaufvertrag selbst noch keine unmittelbar auf eine Rechtsänderung abzielende rechtliche Verfügung (RGZ. Bd. 99 S. 124), so macht doch das Verbot, über die beschlagnahmte Sache zu verfügen, auch das der Verfügung zugrunde liegende obligatorische Geschäft nichtig (vgl. Urt. des RG. I 285/19 v. 3. März 1920).

Es kann nach alledem dahingestellt bleiben, ob auf das am 20. Januar 1917 abgeschlossene Kaufgeschäft die BRV. vom 24. Juni 1915 unmittelbar Anwendung findet, was der Fall wäre, wenn sie auch auf die vor ihrer Geltung erfolgte Beschlagnahme — wie hier durch die Verordnung des Kriegsministeriums vom 1. April 1915 — Anwendung zu erleiden hätte. Jedenfalls ergibt sich seine Nichtigkeit auch ohnedies aus dem Sinne und Zwecke der Verordnung des Kriegsministeriums vom 1. April 1915. Daß endlich sowohl die Klägerin wie der Vertreter der Beklagten, C., Kenntnis von der Beschlagnahme hatten, sonach bewußt gegen das aus ihr fließende Verbot handelten, ist vom Berufungsgerichte gleichfalls einwandfrei festgestellt worden. Dieses bei dem Vertreter C. vorhandene Bewußtsein muß sich aber die Beklagte nach § 166 BGB. zurechnen lassen....

Ferner nimmt das Berufungsgericht an, durch den Ankauf des Bankazinns habe die Beklagte auch gegen die guten Sitten verstoßen, so daß das Rechtsgeschäft auch gemäß § 138 BGB. nichtig sei. Das Zinn sei zur Veräußerung an die private Kundschaft der Beklagten erworben und dadurch der Bestimmung, für Heereslieferungen verarbeitet zu werden, entzogen worden. Diese Begründung erscheint zutreffend. Wenn Gegenstände des Kriegsbedarfs, die bereits beschlagnahmt, also bestimmt sind, zu Heereszwecken verarbeitet zu werden, dieser ihrer Bestimmung entzogen und in eigennützigem Interesse für bloße Privatzwecke bereitgestellt werden, so bedeutet das eine Erschwerung und Beeinträchtigung der Verteidigung des Vaterlandes; das aber wird mit Recht als gegen die guten Sitten verstoßend gewürdigt. Daß der Vertreter der Beklagten die Beschlagnahme kannte, sich also dessen bewußt war, die Ware der ihr zukommenden Bestimmung, zur Verteidigung des Vaterlandes verwendet zu werden, zu entziehen, ist einwandfrei festgestellt. Dieses Bewußtsein genügt aber; daß der Vertreter selbst seine Handlung als eine unsittliche bewertete, ist nicht erforderlich. Erweist sich aber diese durch den Vertreter der Beklagten vorgenommene Handlung als ein unsittlicher Vertragsabschluß, so muß nach § 166 BGB. die Beklagte diese Unsittlichkeit des Geschäfts auch gegen sich gelten lassen, selbst dann, wenn in ihrer Person der Vorwurf der Unsittlichkeit wegen mangelnden Bewußtseins der in Betracht kommenden Tatumstände nicht erhoben werden könnte....

Trotz dieser Nichtigkeit des Kaufgeschäfts ist aber die Beklagte doch nicht befugt, den gezahlten Kaufpreis zurückzufordern. Nach den getroffenen Feststellungen hat sie nicht nur den Kaufvertrag durch ihren Vertreter C. abgeschlossen, sondern durch diesen auch den jetzt zurückverlangten Kaufpreis bezahlt. Daß aber dem C. bei der Zahlung die Beschlagnahme der Ware bekannt war, er somit dabei bewußt gegen ein gesetzliches Verbot wie gegen die guten Sitten handelte, ist vom

Berufungsgericht mit Recht angenommen worden. Leistete die Beklagte aber durch einen Vertreter, so steht das in der Person des Vertreters nach § 817 Abs. 2 BGB. begründete Hindernis der Rechtsverfolgung auch der vertretenen Beklagten entgegen (vgl. RGZ. Bd. 99 S. 167).

---

76. 1. Verhältnis von Ausstattung zum Geschmacksmuster.
2. Ist lediglich das objektive Vorhandensein einer technischen Funktion für den Ausschluß des Ausstattungsschutzes maßgebend, oder kommt es auf die Absicht des Formgebenden an?
3. Ist die Formgebung, soweit sie über die Bedeutung einer technischen Funktion hinausgeht, dem Ausstattungsschutze zugänglich?

II. Zivilsenat. Urt. v. 19. November 1920 i. S. E. (Kl.) w. J. Br. & Co. (Bekl.). II 195/20.

I. Landgericht Mainz, Kammer für Handelssachen. — II. Oberlandesgericht Darmstadt.

Beide Streitteile stellen seit Jahren trockene Gasmesser her, die sie in Verkehr bringen. Die Gasmesser bestehen aus der inneren Einrichtung, dem eigentlichen Meßapparat, und einem sie umschließenden Gehäuse, das mit der Gasmessung selbst nichts zu tun hat. Die innere Einrichtung der beiderseitigen Gasmesser ist verschieden. Ähnlich sind die beiden Gasmesser in ihrer äußeren Erscheinung, dem Gehäuse. Unstreitig war die Klägerin mit der zurzeit in Betracht kommenden Form der Gehäuse schon jahrelang am Markte, bevor die Beklagte — im Jahre 1909 — ihren Gasmessergehäusen ihre Form gab. Die Klägerin will die derzeitige Form ihrer Gasmessergehäuse als Ausstattungskennzeichen gewählt haben und behauptet, diese Form gelte auch innerhalb beteiligter Verkehrskreise als Kennzeichen ihrer Gasmesser. Als besondere Eigentümlichkeit der Form und wesentliches Kennzeichen hebt sie namentlich den länglich-viereckigen Grundriß mit nach innen eingebogenen Ecken hervor. Sie findet in der Form der Gasmessergehäuse der Beklagten eine unbefugte Nachahmung der ihre Gasmesser kennzeichnenden Ausstattung und behauptet, die Beklagte begehe diese Nachahmung zum Zwecke der Täuschung im Handel und Verkehr. Hiergegen nimmt sie den Schutz des § 15 WZG. in Anspruch. Mit der Klage hat sie beantragt: 1. festzustellen, daß die Beklagte zur Täuschung im Handel und Verkehr Gasmesser mit einer Ausstattung, nämlich einer länglichen viereckigen Grundrißform mit nach innen eingebogenen Ecken (welche Ausstattung innerhalb der beteiligten Verkehrskreise als Kennzeichen der Gasmesser der Klägerin gelte), ohne deren Genehmigung versehen habe und versehe und solchermaßen gekennzeichnete Gasmesser in den Verkehr bringe und feilhalte; 2. der Beklagten die Fabrikation und den Vertrieb solchermaßen gekennzeichneter Gasmesser zu untersagen; 3. die Beklagte zum Ersatze jedes aus diesem Verhalten der Klägerin entstandenen und noch entstehenden Schadens für verpflichtet zu erklären; 4. bezüglich der im Besitze der Beklagten befindlichen Gasmesser auf Beseitigung der widerrechtlichen Kennzeichen und, wenn die Beseitigung auf andere Weise nicht möglich sei, auf Vernichtung der Gasmesser zu erkennen. In der Folge hat die Klägerin ihren Antrag noch dahin erweitert: der Beklagten zu verbieten, die klägerischen Gasmesser derart nachzuahmen, daß durch Grundrißform, Kannelierung, Aufbau, Farbe und sonstige Ausstattung oder durch einen oder mehrere dieser Bestandteile eine Ähnlichkeit des Gesamtbildes erreicht werde. Die Beklagte hat Abweisung der Klage beantragt und Widerklage erhoben mit dem Antrage, der Klägerin zu verbieten, die Behauptung aufzustellen, es dürfe mit Rücksicht darauf, daß sie zurzeit einen Prozeß wegen Patentverletzung mit der Beklagten habe, niemand die neuen Messer der Beklagten kaufen, weiterhin zu verbieten, Kauflustige vor dem Kaufe der neuen Messer der Beklagten zu warnen und ihnen für den Fall des Kaufes dieser Messer Schadensersatzklage anzudrohen.

Das Landgericht wies Klage und Widerklage ab. Die Berufung der Klägerin wurde vom Oberlandesgerichte zurückgewiesen. Auch ihre Revision hatte keinen Erfolg.

Gründe:

Das Berufungsgericht verneint in erster Linie, daß die dem Gasmessergehäuse der Klägerin gegebene Form als Ausstattung dieses Gehäuses oder des ganzen Gasmessers geschützt sei. Es nimmt zunächst mit dem Landgericht an, daß das Gehäuse nichts Selbständiges sei. Meßapparat und Gehäuse bildeten den Gasmesser, sie gehörten zusammen wie Uhrwerk und Uhrgehäuse, die die Uhr als einheitliche Ware ergeben. Die Gestaltung des Gasmessergehäuses stelle daher die Gestaltung der Ware selbst dar. Nun sei es zwar nicht ausgeschlossen, daß die Gestaltung und Aufmachung der Ware selbst, ihre Form als Ausstattung erscheine; das sei aber dann nicht der Fall, wenn sich die Formgebung als technisch notwendig oder praktisch angemessen ergebe. Die Gestaltung des Gasmessergehäuses der Klägerin stelle sich nun in der Tat nicht nur im allgemeinen, sondern auch insofern als technisch praktisch dar, als die Ecken nach innen eingebogen seien, was die Klägerin gerade als ein ihre Gasmesser kennzeichnendes Merkmal hervorhebe. Die Einbiegung der Ecken erfülle jedenfalls einen technisch praktischen Zweck, da sie, wie von einer Reihe von Sachverständigen bekundet werde, dem Gehäuse eine größere Festigkeit und Widerstandsfähigkeit verleihe. Sie erfülle zugleich, wie nebenbei bemerkt werde, einen ästhetischen Zweck, indem sie dem Gehäuse ein gefälligeres Aussehen gebe. Die Klägerin habe diese Form gerade darum gewählt, weil sie ihr gefällig und geschmackvoll erscheine.

Die Revision macht zum Nachweise der Ausstattungseigenschaft der Gestaltung des Gasmessergehäuses geltend: Die Klägerin habe schon in erster Instanz behauptet, sie habe im Jahre 1895 die Form der Gehäusegrundrisse dahin geändert, daß die Ecken durch einspringende Bogen abgestumpft würden. Es sei dies aus ästhetischen Gründen, vorwiegend aber deswegen geschehen, um dem Fabrikat eine charakterisierende, von anderen Fabrikaten sich unterscheidende Form zu geben, die geeignet gewesen sei, die Gasmesser als Produkt der Klägerin zu kennzeichnen. Die Klägerin stehe, behauptet die Revision weiter, unwiderlegt auf dem Standpunkte, daß sie bei der Wahl der neuen Form an die größere Festigkeit und Widerstandsfähigkeit überhaupt nicht gedacht habe und daß dieser Zweck bei Gasmessern überhaupt ganz in den Hintergrund trete, da sie weder einem inneren noch einem äußeren Drucke ausgesetzt seien. Die Gasmesser ständen still an wenig zugänglichen Stellen. Es beruhe auf einem Mißverständnis der reichsgerichtlichen Entscheidung Bd. 69 S. 31, wenn angenommen werde, der Schutz des § 15 versage schon dann, wenn die gewählte Ausstattung auch praktische und ästhetische Vorzüge besitze, was in der Regel der Fall sein werde.

Diesen Revisionsangriffen war der Erfolg zu versagen. Die Entscheidung wird durch die Feststellung getragen, daß die charakteristische Besonderheit in der Gestalt des Gasmessergehäuses, die die Klägerin gerade als Kennzeichen ihrer Ware und als Hinweis auf ihre Betriebsstätte in Anspruch nimmt, nämlich die Einbiegung der Ecken, einem technischen Zwecke dient, insofern sie dem ganzen Gehäuse eine größere Festigkeit und Widerstandsfähigkeit verleiht. Diese Feststellung kann nicht mit dem Hinweise darauf beseitigt werden, daß dieser Zweck bei dem Gasmesser ganz in den Hintergrund trete, da sie keinem inneren und äußeren Drucke ausgesetzt seien, überdies still an wenig zugänglichen Stellen stünden. Denn damit wird nur die Richtigkeit der entgegenstehenden Feststellung bestritten, daß die Festigkeit und Widerstandsfähigkeit bei den Gasmesserumhüllungen eine technische Funktion und einen technischen Vorzug bedeute. Die Revision setzt sich mit ihren Anführungen lediglich in Widerspruch mit dem Gutachten der Sachverständigen, denen das Berufungsgericht gefolgt ist. Diese weisen z. B. auf die Beschädigungsmöglichkeiten hin, denen die Gasmesser auf dem Transporte bei der Aufstellung und bei Ausbesserungen ausgesetzt sind und bei denen diese hervorgehobenen Eigenschaften von Bedeutung werden können. . . .

Endlich läßt die rechtliche Beurteilung auch keinen Irrtum über den Begriff der Ausstattung und den ihr in § 15 WZG. gewordenen Rechtsschutz erkennen, der den Bestand des Urteils gefährdete.

Nur nebenbei bemerkt das Urteil, daß die Einbiegung der Ecken zugleich einen ästhetischen Zweck erfülle, indem sie dem Gehäuse ein gefälligeres Aussehen gebe, und nimmt mit dem Landgericht und der Revision an, daß die Klägerin die Form gerade darum gewählt habe, weil sie gefällig und geschmackvoll erscheine. Ob das Berufungsgericht die Rechtsmeinung des Landgerichts auch insoweit teilt, daß es schon diese geschmackvolle Formgebung selbst „zur besseren Verwertung der Ware durch Anregung des Geschmacks" als eine technische Funktion ansieht, die die Ware dem Ausstattungsschutz entzieht, sagt es nicht. Diese Rechtsauffassung ist auch verfehlt. Eine auf den ästhetischen Sinn gerichtete Gestaltung der Ware kann zwar kein Warenzeichen sein, ist aber begrifflich eben ihre Ausstattung. Die Ausstattung will die Ware zieren, ihr im Verkehr ein gefälliges äußeres Ansehen geben, wendet sich also geradeso wie das Geschmacksmuster an das Auge und den ästhetischen Sinn des Käufers. Insoweit ist Ausstattung und Geschmacksmuster von gleichem Inhalte. Während aber zur Erlangung des Geschmacksmusterschutzes gehört, daß die ästhetische Formgestaltung neu und eigentümlich sei (§ 1 Abs. 2 Ges. betr. das Urheberrecht an Mustern und Modellen vom 11. Januar 1876), verlangt die Ausstattung zur Erlangung des ihr in § 15 WZG. gegebenen Schutzes, daß sie im Verkehr die Kennzeichnungskraft erlangt hat, für gleichartige Waren als Hinweis auf die Herkunftsstelle eines anderen zu gelten. Die Fähigkeit, auf den ästhetischen Geschmack einzuwirken, haben Ausstattung und Geschmacksmuster also gemein, und es kann keine Rede davon sein, daß diese Funktion einer Funktion für technische, also Gebrauchszwecke gleichstände, die der Ware den Ausstattungsschutz nimmt. Aus diesem Grunde ist allerdings der Angriff der Revision insoweit gerechtfertigt, als er auf den Zweck Gewicht legt, zu dem die Änderung der Form von der Klägerin vorgenommen worden ist. Die Absicht, der Ware mit der neuen Gestaltung eine gefälligere, sich an das ästhetische Gefühl wendende Form zu geben, schließt nicht aus, wie das Landgericht und augenscheinlich auch das Oberlandesgericht annehmen, diese Formgebung als Ausstattung im Sinne von § 15 WZG. aufzufassen, steht vielmehr damit gerade im Einklang. Es kommt aber auf diese ganze Frage nicht an, da das Berufungsgericht diese Erwägungen über die ästhetische Seite der Formgebung nur nebenbei anstellt. Selbst wenn sie daher unrichtig sind und die Entscheidung nicht tragen können, die die Ausstattungsnatur verneint, wird damit die vorhergehende Feststellung, daß neben dieser ästhetischen Funktion die Einbiegung der Ecken auch noch eine technische, den Gebrauch des Gasmessergehäuses betreffende Funktion habe, nicht erschüttert und ihre

Bedeutung für die Ausschaltung des Warenzeichenschutzes nicht beseitigt.

Auch das ist ohne Belang, worauf die Klägerin in den Vorinstanzen besonderes Gewicht legt und was auch jetzt wieder die Revision wesentlich betont, daß die Klägerin gar nicht daran gedacht habe, durch ihre neue Formgebung dem Gehäuse eine größere Festigkeit und Widerstandsfähigkeit zu geben, daß ihre Absicht vielmehr dahin gegangen sei, den Gasmessern neben der gefälligeren eine sie besonders charakterisierende Form zu geben, um sie von anderen Fabrikaten zu unterscheiden. Denn für die Frage, ob die Formgebung als Ausstattung den Schutz des § 15 WZG. genießen soll oder ob die Formgebung keine Ausstattung, sondern eine technischen Zwecken dienende Gestaltung der Ware ist, kommt es nicht auf die Absicht an, die der Formgeber bei der Gestaltung der Ware hatte, nicht auf den subjektiven Zweck, den er sich vorgestellt und den er erreichen wollte, sondern lediglich darauf, welchem objektiven Ziele die Gestaltung dient, ob diese, objektiv betrachtet, geeignet ist, eine technische Funktion zu erfüllen und sie tatsächlich erfüllt, vielleicht sogar ohne Wissen und Wollen des Gestaltenden. Denn die technische Funktion der Gestaltung ist ausschließlich dem Patent und Gebrauchsmusterschutz vorbehalten; soweit sie diesen nicht unterfällt, ist der technische Gedanke dem Gebrauche jedermanns freigegeben. Es ist unmöglich, ein subjektives Alleinrecht auf eine industrielle Verbesserung, eine technische Ausgestaltung außerhalb des Patent- und Gebrauchsmusterschutzrechts zu erwerben. Das würde aber geschehen, wenn die bloße Absicht, diese technische Gestaltung gleichzeitig oder allein als Warenkennzeichnung zu verwenden, ausreichen könnte, sie als Ausstattung im Sinne des § 15 WZG. anzusehen. Ob eine Formgestaltung Ausstattung im Sinne dieser Vorschrift ist oder nicht, ist nur nach objektiven Gesichtspunkten zu entscheiden; die Absicht, die der Formgeber verfolgte, ist dabei ohne Bedeutung. Erfüllt die Formgebung tatsächlich eine technische Funktion und steht sie insoweit nicht unter Patent- oder Gebrauchsmusterschutz, so ist sie dem Gemeingebrauche freigegeben und es kann ein Alleinrecht auf sie auch dann nicht begründet werden, wenn die Formgestaltung neben dieser technischen Funktion nicht nur ästhetische Funktionen wie ein Geschmacksmuster, sondern auch kennzeichnende Funktionen wie ein Warenzeichen oder eine zur Kennzeichnung der Ware gewordene Ausstattung ausübt.

Nur wenn die charakteristische Besonderheit der Gestaltung der Einbiegung der Ecken über die Bedeutung eines technischen Elements hinausginge und der diese überschreitende Teil der Gestaltung außerdem noch eine selbständige Kennzeichnungskraft für die Gasmessergehäuse der Klägerin gewonnen hätte, wäre diese insoweit dem Ausstattungsschutze nach § 15 WZG. zugänglich (RGZ. Bd. 69 S. 32). In dieser Richtung fehlt es aber an jedem Anhalte, sind auch von der Klägerin Behauptungen nicht aufgestellt worden. Namentlich kann auch die bogenförmige konkave Einbuchtung der Ecken statt etwa einer geraden Abschneidung nicht als solche kennzeichnende Besonderheit angesehen werden, denn aus den Gutachten der Sachverständigen erhellt, daß nicht nur die Abschneidung der Ecken schlechthin, gleichviel in welcher Form, von technischer Bedeutung ist, sondern gerade auf diese bogenförmige Einbuchtung der Ecken Gewicht gelegt und in ihr die Erfüllung einer technischen Funktion erblickt wird, wie sich bei einer wellenförmigen Ausgestaltung zeigt.

Hiernach ist die Feststellung, daß die von der Klägerin als Kennzeichen ihrer Gasmesserumhüllung in Anspruch genommene Formgebung objektiv technische Zwecke erfülle und daher eine schutzfähige Ausstattung im Sinne des Warenzeichengesetzes überhaupt nicht vorliege, ohne Rechtsirrtum.

Unerörtert kann bleiben, ob der Anspruch der Klägerin nicht auch dann unbegründet wäre, wenn zwar bei ihr eine Ausstattung nach § 15 WZG. in der Formgebung vorläge, diese selbe Formgebung aber bei den Gasmessern der Beklagten vermöge deren abweichender innerer Konstruktion eine technische Funktion erfüllte.

---

77. Greift die Vorteilsausgleichung Platz, wenn der Wert des vom ausgefallenen Hypothekengläubiger erstandenen Grundstücks erst durch spätere unvorhersehbar gewesene Verhältnisse eine Steigerung erfahren hat?

V. Zivilsenat. Urt. v. 20. November 1920 i. S. M. (Kl.) w. B. (Bekl.). V 471/19.

I. Landgericht III Berlin. — II. Kammergericht daselbst.

In der Urkunde vom 8. April 1913 hatte ein Kaufmann B. dem Kläger gegenüber die Ausbietungsgarantie für eine damals nur in Höhe von 30000 *M* valutierte Hypothek des Klägers von 50000 *M* bis zu seiner vollen Befriedigung aus seinem mit der Bauherrin geschlossenen Baugeldvertrag übernommen, und zwar auch für den Fall einer etwaigen Wiederversteigerung des Grundstücks. Für diese zwischen dem Kläger und B. getroffenen Abmachungen erklärte der Beklagte am Schlusse der Urkunde die Gewähr zu übernehmen. B. erstand das Grundstück bei dessen späterer Zwangsversteigerung, wobei die erwähnte Hypothek nicht in das geringste Gebot fiel. Zwischen ihm und dem

Kläger wurde das Stehenbleiben der Hypothek vereinbart und diese nunmehr vom Kläger, wie er behauptet, der Beklagte aber bestreitet, voll ausgefüllt. B. konnte das Grundstück nicht halten; es wurde auf Antrag des Klägers von neuem versteigert. Jetzt erstand der Kläger das Grundstück, fiel aber mit etwas über 10000 ℳ mit seiner Hypothek aus. Davon klagte er einen Teilbetrag von 5400 ℳ nebst Zinsen ein. Der Beklagte bestritt seine Verpflichtung zur Erstattung des Ausfalls, behauptete außerdem, daß der Kläger sowohl B. wie ihm gegenüber darauf verzichtet habe, und erhob die Einreden der Vorausklage und der Arglist, namentlich aber den Einwand der Vorteilsausgleichung.

Das Landgericht erkannte auf einen dem Kläger zugeschobenen Eid über den Verzicht. Auf die Berufung des Beklagten wies das Kammergericht die Klage ab. Die Revision führte zur Aufhebung dieses Urteils und zur Zurückverweisung der Sache an das Berufungsgericht.

Gründe:

...Das Berufungsgericht, das den Klagantrag als einen Schadensersatzanspruch ansieht, hat dem Einwande der Vorteilsausgleichung Folge gegeben. Um dieses Ergebnis zu beseitigen, versucht die Revision in erster Linie den Nachweis, daß es sich nicht um Schadensersatz, sondern um einen Anspruch auf Vertragserfüllung handele. (Diese Auffassung der Revision wird zurückgewiesen und dann fortgefahren:) ... Es bleibt daher nur noch die Frage zu prüfen, ob der Angriff der Revision begründet ist, der sich gegen die Annahme eines den Schaden ausgleichenden Vorteils richtet. Dieser Angriff muß für zutreffend erachtet werden.

Das Berufungsurteil geht davon aus, daß der Kläger nicht bestreitet, daß das Grundstück jetzt den vom Beklagten behaupteten Mehrwert von mindestens 40000 ℳ gegenüber dem ehemaligen Erstehungspreise habe. „Als maßgebend für die Schadensberechnung", so fährt das Urteil fort, „ist aber auch im allgemeinen der Zeitpunkt der letzten mündlichen Verhandlung anzusehen." Dies ist der 3. Oktober 1919, während die Versteigerung, in der der Kläger das Grundstück erstand, im Mai 1914 stattgefunden hatte. Das Berufungsgericht begründet seine Auffassung damit, daß der Zustand herzustellen sei, der jetzt bestehen würde, wenn der zum Schadensersatz verpflichtende Umstand nicht eingetreten wäre (§ 249 BGB.). Wäre der Mehrwert des Grundstücks auf die eigene Tätigkeit des Klägers zurückzuführen, so wäre er nach der Annahme des Berufungsgerichts bei der Schadensberechnung allerdings nicht zu berücksichtigen. Aber der Kläger behaupte selber in Übereinstimmung mit dem Beklagten, daß das Grundstück infolge der allgemeinen Preissteigerung wertvoller geworden sei. Wenn das Gericht demzufolge annimmt, daß dem Kläger ein Schaden gar nicht entstanden sei, da er wegen seines Hypothekenausfalls durch den Mehrwert des Grundstücks voll gedeckt sei, so muß dem Angriffe der Revision hiergegen durchaus beigepflichtet werden. Der Grundgedanke ist der, daß der Schaden nicht einseitig nach der Höhe der aus dem Vermögen des Beschädigten in das des Schädigers übergegangenen Vermögensteile, sondern nur unter Ausgleichung aller beiderseitigen aus derselben Wurzel entsprungenen Vermögensab- und -zugänge festgesetzt werden kann (RGZ. Bd. 54 S. 140). Dieser Gesichtspunkt der gleichen Wurzel, hinsichtlich deren die Rechtsprechung allmählich von einer strengen, stark einschränkenden zu einer weitherzigen Auslegung übergegangen ist, darf aber nicht dazu führen, irgendeinen Vorteil, wenn er nur letzten Endes sich auf die gleiche Wurzel wie der Nachteil zurückführen läßt, dem Ersatzberechtigten im Wege der Vorteilsausgleichung in Rechnung zu stellen. Nachteil und Vorteil müssen sich gleichzeitig gegenübertreten. Ist zwar auch hier wieder der Begriff der Gleichzeitigkeit ebensowenig wie der der Einheitlichkeit des Ereignisses zu pressen (s. den in RGZ. Bd. 93 S. 144 entschiedenen Fall), so muß es sich doch immer um einen im wesentlichen gleichzeitig erlangten Vorteil handeln (JW. 1916 S. 1016 Nr. 3). Erlitt der Kläger einen Schaden durch Hypothekenausfall, so kann ihm der Erwerb des belasteten Grundstücks zu einem niedrigen Preise nur dann als ein den Schaden ganz oder teilweise ausgleichender Vorteil angerechnet werden, wenn das Grundstück zu dieser Zeit des Hypothekenausfalls und der Erstehung an Wert den Kaufpreis (Meistgebot nebst Unkosten) übersteigt oder ihm gleichkommt. Ist dies aber damals, d. h. im Frühjahre 1914, nicht der Fall gewesen, sondern erst, damals unvorhersehbar, Jahre später eingetreten und daher zur Zeit der letzten mündlichen Verhandlung im Oktober 1919 vorhanden gewesen, so kann man nicht von einem gleichzeitig erlangten Vorteile sprechen. Mag man auch die Voraussetzung „ein und dasselbe Ereignis" als gegeben ansehen, so muß doch weiter festgestellt werden können, daß der Erwerber des Grundstücks bei der Zwangsversteigerung im Endergebnis trotz Ausfalls seiner Hypothek keinen Verlust erlitten hat (RGZ. Bd. 80 S. 161). Man darf aber nicht so weit gehen, einen den Schadensersatzanspruch beseitigenden Ausgleich allein deshalb anzunehmen, weil das Grundstück später ohne eigene Tätigkeit des Erwerbers aus damals nicht vorhersehbaren Gründen so viel wertvoller geworden ist, daß, wenn jetzt die Versteigerung erfolgt wäre, der Kläger infolge dieser Wertsteigerung keinen Nachteil durch Ausfall der Hypothek erlitten haben würde (s. auch RGZ. Bd. 96 S. 52). Ob es bei einer derartigen Sachlage überhaupt zu einem Ausfalle gekommen wäre, würde übrigens zudem noch zweifelhaft sein. Daraus, daß der Schädiger gemäß § 249 BGB. den Zustand herzustellen hat, der zurzeit ohne das zum Schadensersatz verpflichtende Ereignis bestehen würde, kann das Berufungsgericht seine Auffassung nicht rechtfertigen. Der Schädiger muß den entstandenen Schaden beseitigen, er muß daher bei dessen Fortwirken alles tun, was zur Herstellung des obenerwähnten Zustandes erforderlich ist, so daß für den Umfang seiner Ersatzpflicht ein späterer Zeitpunkt, also der der letzten mündlichen Verhandlung oder ein noch späterer, entscheidend sein kann. Dies hat aber mit dem Zeitpunkte, zu dem der zum Ausgleiche zu verwendende Vorteil gegenüberstehen muß, nichts zu tun. ... Soweit die Revision die allgemeine Senkung des Geldwertes geltend macht, ist sie im Unrecht. Es mag sein, daß jemand nicht deshalb reicher geworden ist, weil sein Grundstück jetzt in Papiermark einen höheren Wert hat als früher. Aber dasselbe gilt für die Hypothek, die der Kläger noch besitzen würde, wenn es zur zweiten Versteigerung nicht gekommen wäre, denn danach hätte er auch nur den Betrag oder den Ersatz dafür in Papier zu fordern, d. h. Schaden und etwaiger Vorteil stehen sich in dem gleichen Wertverhältnis gegenüber wie zu der Zeit, als die allgemeine Geldwertsenkung noch nicht eingetreten war.

---

78. 1. Zur Frage der rechtzeitigen Geltendmachung von Befreiungsklauseln.

2. Ist Rohstoffmangel eine Betriebsstörung im Sinne einer Befreiungsklausel?

3. Kann der Verkäufer sich auf eine Befreiungsklausel berufen, wenn er es schuldhafterweise, aber ohne Verstoß gegen Treu und Glauben, unterlassen hat, gegenüber den Lieferanten, bei denen er sich mit Rohstoffen eingedeckt hatte, auf Lieferung der Rohstoffe zu bestehen?

I. Zivilsenat. Urt. v. 20. November 1920 i. S.Pf. & S. (Bekl.) w. B. & L. (Kl.). I 170/20.

I. Landgericht Magdeburg, Kammer f. Handelss. — II. Oberlandesgericht Naumburg a. S.

Laut Schlußschein vom 5. Dezember 1913 kaufte die Klägerin von der Beklagten 100000 englische Pfund Baumwollzwirn von näher angegebener Beschaffenheit zum Preise von $71\frac{1}{2}$ ₰ für das Pfund. Die Lieferung und die Abnahme der Ware sollten spätestens am 31. Dezember 1914 erfolgen. Etwaige Streiks, Feuer, Arbeitermangel, Arbeiteraussperrung und sonstige Betriebsstörungen sollten die Verkäuferin von der Verpflichtung rechtzeitiger Lieferung entbinden und die Lieferfrist um die Dauer der Störung verlängern. Auf den Schluß wurden von der Beklagten bis zum Mai 1915 Teillieferungen an die Klägerin ausgeführt. Durch Schreiben vom 21. Mai 1915 teilte die Beklagte der Klägerin im Anschluß an den bisherigen Briefwechsel mit, daß nunmehr das ihr zur Verfügung stehende Rohmaterial vollständig aufgearbeitet und die vollständige Erledigung des Vertrags infolge des Krieges unmöglich sei. Die Klägerin gab sich hiermit nicht zufrieden und erhob Klage auf Feststellung der Lieferpflicht der Beklagten. Später stellte sie sich jedoch auf den Standpunkt, daß seit Anfang Juli 1915 die Erfüllung des Vertrags wegen Mangels an ostindischer Baumwolle unmöglich geworden sei und die Beklagte die Unmöglichkeit vertreten müsse, da sie es schuldhaft unterlassen habe, sich rechtzeitig die erforderliche Menge Baumwolle zu beschaffen. Sie verlangte daher Schadensersatz wegen Nichterfüllung.

Die Beklagte bestritt jede Schuld am Eintritt der Leistungsunmöglichkeit und nahm gemäß dem Schriftsatze vom 17. April 1917 unter Hinweis auf den in ihrer Fabrik eingetretenen Arbeiter- und Rohstoffmangel die Rechte aus der Lieferungsklausel für sich in Anspruch.

Das Landgericht wies die Klage ab. Das Oberlandesgericht erklärte den Klaganspruch dem Grunde nach für gerechtfertigt. Die Revision der Beklagten hatte Erfolg.

Gründe:

Das Berufungsgericht hat die Beklagte zur Leistung von Schadensersatz wegen Nichterfüllung für verpflichtet erachtet, indem es der Beklagten die Rechte aus der Befreiungsklausel wegen verspäteter Anrufung derselben versagt hat. . .

Mit Recht macht die Revision hiergegen geltend, daß das Berufungsgericht die Annahme einer verspäteten Anrufung der Klausel nicht genügend begründet und besonders ein gegen Treu und Glauben verstoßendes Verhalten der Beklagten nicht festgestellt habe. Nach dem Wortlaute der Freizeichnungsklausel sollten „etwaige Streiks, Feuer, Arbeitermangel, Arbeiteraussperrung und sonstige Betriebsstörungen" die Beklagte von der Verpflichtung rechtzeitiger Lieferung entbinden und die Lieferfrist um die Dauer der Störung verlängern. Auf Arbeitermangel und die dadurch bedingte Beeinträchtigung ihres Betriebs hat die Beklagte bereits in ihren Briefen vom 29. Juli, 24. Oktober, 2., 5., 9. November 1914, 3. Februar, 25. und 31. März 1915 hingewiesen. Freilich hat sie dies, wie das Berufungsgericht zutreffend hervorhebt, nur getan, um sich zu entschuldigen, daß sie nicht die von der Klägerin gewünschten Zwirnmengen liefern und auch die Lieferzeiten nicht immer pünktlich einhalten könne. An die völlige Einstellung der Lieferungen hat sie damals offensichtlich nicht gedacht. Dieser Gedanke tritt erstmalig im Briefe vom 9. April 1915 zutage, worin die Beklagte der Klägerin mitteilt, daß sie beim Ausbleiben aller Zufuhren seit Kriegsausbruch auf die eigenen, nur noch auf etwa 4 Wochen ausreichenden Vorräte angewiesen sei und diese auf die älteren Verträge im Verhältnis zu den noch offen stehenden Liefermengen verteilen werde. Als die Klägerin hiergegen Widerspruch erhob und auf voller Vertragserfüllung bestand, erwiderte ihr die Beklagte durch Schreiben vom 14. April, „daß sie bei ihrem Vorschlage, die noch verfügbaren Vorräte verhältnismäßig zu verteilen, verbleiben müsse, in Rücksicht darauf, daß der Krieg für sie außergewöhnliche, sehr schwierige Verhältnisse geschaffen habe". Mit Schreiben vom 21. Mai 1915 übersandte dann die Beklagte der Klägerin die Faktura über die letzte von ihr ausgeführte Lieferung. Zugleich erklärte sie, daß „nunmehr das zur Verfügung stehende Rohmaterial vollständig aufgearbeitet" und daß zu ihrem Bedauern „ihr infolge des Krieges die vollständige Erledigung des Vertrags nicht möglich sei".

Wird dieser Briefwechsel in seinem Zusammenhange betrachtet, so läßt er keinen Zweifel daran übrig, daß die Beklagte die Klägerin auf Arbeitermangel und Rohstoffmangel als diejenigen Umstände hingewiesen hat, durch die sie an ihren vertragsmäßigen Leistungen behindert wurde. An die Stelle der bloßen Behinderung trat später die Unmöglichkeit der Leistung. Denn als die Beklagte durch das Schreiben vom 21. Mai den Rücktritt vom Vertrag erklärte, war, wie das Berufungsgericht festgestellt hat, ostindische Baumwolle, aus der allein das vertragsmäßige Garn hergestellt werden konnte, nicht mehr im regelrechten Handelsverkehr zu beschaffen und damit der Beklagten nach dem gänzlichen Verbrauch ihrer eigenen Vorräte die Erfüllung des Vertrags unmöglich geworden. Demgemäß berief sich die Beklagte in ihrem Rücktrittsschreiben auch nur auf Unmöglichkeit der Leistung. Das hindert sie aber nicht, im jetzigen Rechtsstreit zur Begründung ihres Rücktritts auch auf diejenigen Umstände, die ihr ein vertragsmäßiges Rücktrittsrecht gaben, zurückzugreifen und den Schutz der Freizeichnungsklausel für sich in Anspruch zu nehmen. Aus der Fassung der Klausel ergibt sich kein Anhalt dafür, daß die Klausel der Beklagten nur dann zur Seite stehen sollte, wenn die Beklagte sich auf sie ausdrücklich beriefe. Fehlt es aber an einer solchen Einschränkung, so steht der nachträglichen Heranziehung der Klausel zur Begründung des Rücktritts nichts entgegen, sofern dies nur mit Treu und Glauben vereinbar erscheint (§ 157 BGB., vgl. Warneyer 1919 Nr. 156). Ein Verstoß gegen Treu und Glauben kommt hier aber nicht in Betracht, da die Klägerin von der Beklagten bereits in den Monaten vor dem Rücktritt auf den Arbeitermangel und die Schwierigkeit der Rohstoffbeschaffung hingewiesen war und deshalb mit der Anrufung der ihr bekannten Vertragsklausel rechnen mußte.

Für die Anwendbarkeit der Klausel ist es daher wesentlich, ob ihre Voraussetzungen vorlagen, als die Beklagte durch Schreiben vom 21. Mai 1915 ihren Rücktritt vom Vertrag erklärte. Dagegen ist der Zeitpunkt, an dem sich die Beklagte zum ersten Male ausdrücklich auf die Klausel berufen hat und der vom Berufungsgericht auf den 17. April 1917 bestimmt wird, für die Beurteilung des Rechtsverhältnisses nicht entscheidend. Es ist hiernach rechtsirrtümlich, wenn das Berufungsgericht der Beklagten den Schutz der Klausel schon deshalb versagt, weil sie ihn erst am 17. April 1917 im Laufe des Rechtsstreits zu einer Zeit angerufen habe, als sie längst in der Lage gewesen sei, die wirtschaftliche Lage zu überblicken. Ein Verzicht auf die Rechte aus der Klausel ist in den Briefen der Beklagten nicht zum Ausdruck gebracht worden.

Dafür aber, daß auch bereits am 21. Mai 1915, dem Tage der Rücktrittserklärung, die nach Treu und Glauben zu bestimmende angemessene Frist zur Geltendmachung der Klausel (RGZ. Bd. 88 S. 243, Bd. 91 S. 108) verstrichen gewesen wäre, fehlt es an einem genügenden tatsächlichen Anhalt. Wenn die Beklagte trotz bereits bestehender Schwierigkeiten bemüht gewesen ist, den Vertrag nach Kräften zu erfüllen, so hat sie nur wie ein anständiger und redlicher Kaufmann gehandelt. Dieserhalb kann ihr der Vorwurf einer verspäteten, gegen Treu und Glauben verstoßenden Ausübung ihrer Rechte nicht gemacht werden (Warneyer 1917 Nr. 164, 1919 Nr. 22). Das Berufungsgericht gelangt denn auch unter Würdigung der einschlägigen tatsächlichen Verhältnisse zu dem rechtlich nicht zu beanstandenden Ergebnis, daß die Anrufung der Klausel der Beklagten im Mai 1915 zur Zeit der Ablehnung der Restlieferung noch zugestanden habe.

Es bleibt daher zu prüfen, ob zu dieser Zeit auch die sachlichen Voraussetzungen für die Anwendung der Klausel erfüllt waren. Was den Arbeitermangel anlangt, so ergibt die von der Klägerin nicht bemängelte Aufstellung der Beklagten über die Arbeiterbewegung in ihrem Unternehmen, daß in der Zeit vom Dezember 1914 bis Ende Mai 1915 die Zahl der Spinner von 11 auf 7 und die der übrigen Arbeiter von 359 auf 276 zurückgegangen ist. Hinsichtlich des Vorrats der Beklagten an Rohstoffen ist ihre Behauptung, daß sie bis zum 21. Mai 1915 ihre Bestände an ostindischer Baumwolle aufgebraucht habe, unbestritten geblieben. Das Berufungsgericht hat ferner festgestellt, daß schon seit den ersten Monaten des Jahres 1915 die Baumwollknappheit in Deutschland so groß gewesen ist, daß die Beschaffung mit außergewöhnlichen Schwierigkeiten verbunden war. Ein derartiger Rohstoffmangel fällt unzweifelhaft unter den Begriff der Betriebsstörung im Sinne der Vertragsklausel. Das Berufungsgericht läßt diese Frage zwar unentschieden. Das Revisionsgericht ist aber in der Lage, hierzu selbständig Stellung zu nehmen, da die tatsächlichen Verhältnisse im Berufungsurteile genügend aufgeklärt sind und die Auslegung der Vertragsklausel, die den im Handelsverkehr vielfach vorkommenden entspricht, Sache nicht nur tatsächlicher, sondern zugleich rechtlicher Erwägung ist. Behauptungen tatsächlicher Art, aus denen eine bestimmte Willenseinigung der Parteien über den Begriff „Betriebsstörung" gefolgert werden könnte, sind im Rechtsstreite nicht aufgestellt worden. Die Bedeutung des Begriffs im vorliegenden Falle ist daher aus der Fassung der Klausel und dem Zusammenhange der in ihr vorkommenden Befreiungsgründe zu entnehmen. Daß der Begriff Betriebsstörung nicht ein für allemal feststeht, sondern seine Bedeutung für die einzelne Klausel, in der er sich findet, besonders zu erforschen ist, ist in der Rechtsprechung des Reichsgerichts anerkannt (RGZ. Bd. 94 S. 81). In der fraglichen Klausel fehlt es an jeder Andeutung, daß unter Betriebsstörungen nur solche verstanden werden sollen, die auf rein technischem Gebiete liegen. Im Gegenteil weist der Umstand, daß Streiks, Feuer, Arbeitermangel und Arbeiteraussperrung als Beispiele von Betriebsstörungen angeführt werden, darauf hin, daß jedes Ereignis, welches zu einer erheblichen Beeinträchtigung des regelrechten Ganges der Rohstoffverarbeitung geeignet ist, als Betriebsstörung gelten soll. Demnach erscheint es unbedenklich, den Begriff auch auf einen Rohstoffmangel zu erstrecken, der durch die Unterbindung der Zufuhr aus dem Auslande hervorgerufen worden ist und sich in einem fast gänzlichen Verschwinden der Ware vom Inlandmarkte äußert (Warneyer 1918 Nr. 46).

Das Recht der Beklagten, sich auf den Rohstoffmangel als eine Betriebsstörung im Sinne der Vertragsklausel zu berufen, wird auch nicht dadurch ausgeschlossen, daß sie es unterlassen hat, gegenüber ihren Lieferanten, bei denen sie sich für den Abschluß mit der Klägerin eingedeckt hatte, auf restlose Erfüllung der Lieferungsgeschäfte zu dringen. Wie das Berufungsgericht festgestellt hat, hatte die Beklagte am 1. August 1914 zur Erfüllung von Verträgen, die damals liefen, im ganzen 915180 engl. Pfund Garn aus ostindischer Baumwolle zu beschaffen. Hierzu stand ihr zunächst ihr eigenes Warenlager zur Verfügung, dessen Umfang der Sachverständige nach den Geschäftsbüchern auf 468232 Pfund festgestellt hat. Daneben hatte sie aus laufenden Abschlüssen noch 441210 Pfund zu erwarten, darunter von der Firma Sch. in H. 440 und 200 Ballen, von der Firma W. in U. 455 Ballen. Die Schlüsse mit diesen Firmen sind nicht erfüllt worden. Das Berufungsgericht hat als erwiesen angesehen, daß die Beklagte die Lieferungen der Firmen Sch. und W. aus eigenem Entschluß habe verfallen lassen und daher insoweit den Rohstoffmangel durch fahrlässiges Handeln verschuldet habe.... (Wird näher ausgeführt.) Das Berufungsgericht ist der Ansicht, daß die Beklagte mit Rücksicht auf die Verpflichtungen, die sie gegenüber ihren Abnehmern eingegangen war, sich weder die Lieferung der Firma W. noch die der Firma Sch. habe entgehen lassen dürfen und auch nicht durch die Vermutung einer nur kurzen Dauer des Krieges entschuldigt werde. Die Ausführungen des Berufungsgerichts mögen die Annahme einer fahrlässigen Handlungsweise der Beklagten rechtfertigen. Das genügt aber noch nicht, um der Beklagten die Berufung auf die Vertragsklausel zu versagen. An sich bleibt es ganz allgemein dem Berechtigten unverwehrt, sich der aus der Klausel für ihn folgenden Vorteile zu bedienen, sofern nur die darin bestimmten Voraussetzungen objektiv zutreffen. Eine Einschränkung findet diese Vergünstigung nur insoweit, als in der Anrufung der Klausel wegen der besonderen Umstände des Falles ein Verstoß gegen Treu und Glauben gefunden werden muß. Ein solcher kommt aber im vorliegenden Falle, der durch die Feststellungen des Berufungsgerichts in tatsächlicher Hinsicht genügend geklärt ist, nicht in Betracht. Jeder Anhalt fehlt dafür, daß die Beklagte etwa absichtlich, um sich von einer ihr lästigen Lieferungspflicht zu befreien und ihre Abnehmer zu schädigen, ihren Lieferanten die Erfüllung der mit ihnen abgeschlossenen Verträge nachgelassen hat. Das Berufungsgericht geht selbst davon aus, daß zu Beginn des Krieges die Verhältnisse auf dem Baumwollmarkte wenig geklärt waren und die Beklagte längerer Zeit bedurfte, um die wirtschaftliche Lage übersehen zu können. Mit einer nur kurzen Dauer des Krieges und mit schleuniger Aufnahme des überseeischen Handels nach Friedensschluß wurde, wie auch der vom Berufungsgerichte für sachkundig und zuverlässig erachtete Sachverständige R. hervorhebt, in den ersten Monaten des Krieges allgemein gerechnet, und es erscheint daher erklärlich, daß die Beklagte bei ihrem erheblichen Warenlager sich mit der Aufnahme weiterer Baumwollbestände zunächst abwartend verhielt und gegenüber ihren Lieferanten nicht auf Erfüllung der Verträge bestand. Mag diese Zurückhaltung sich auch, wie das Berufungsgericht annimmt, im Verhältnis der Beklagten gegenüber der Klägerin als eine Fahrlässigkeit darstellen, als unredlich und für einen anständigen Kaufmann unangemessen kann das Verhalten der Beklagten keinenfalls bezeichnet werden. Das gleiche gilt von der Unterlassung neuer Deckungseinkäufe, die nach der Feststellung des Berufungsgerichts bis Ende 1914 auf dem inländischen Markte noch möglich gewesen wären. Selbst wenn entgegen dem Gutachten des Sachverständigen R. der Beklagten die Pflicht zur Vornahme der Deckungskäufe zugemutet werden müßte, so kann die Unterlassung schlimmstenfalls mit dem Berufungsgericht als eine Fahrlässigkeit, nicht aber als ein Verstoß gegen Treu und Glauben und eine böswillige Verletzung der Verkehrssitte bewertet werden.

Hiernach stehen der Anwendung der Vertragsklausel zugunsten der Beklagten rechtliche Bedenken nicht entgegen. Diese Auffassung setzt sich auch nicht in Widerspruch mit der Entscheidung des erkennenden Senats vom 1. Mai 1918 I 343/17 (Warneyer 1918 Nr. 107). Wenn dort dem Verkäufer von Zwirn die Berufung auf die Betriebsstörungsklausel versagt worden ist, weil er es unterlassen habe, sich im Herbst und Winter 1914/15 in Deutschland ostindische Baumwolle zu verschaffen, so war damals der Gesichtspunkt ausschlaggebend, daß der Abschluß des Kaufgeschäfts erst während des Kriegs, im September 1914, also zu einer Zeit erfolgt war, als die Erschwerungen in der Baumwollbeschaffung bereits bestanden. Im vorliegenden Falle handelt es sich aber um ein Geschäft, bei dessen Abschluß der Ausbruch des Krieges in keiner Weise vorauszusehen war.

Durch die Vertragsklausel erlangte die Beklagte zunächst zwar nur das Recht, die rechtzeitige Lieferung abzulehnen und die Lieferung um die Dauer der Störung, also bis zur Behebung des Arbeiter- und Rohstoffmangels, hinauszuschieben. Inzwischen ist aber, wie das Berufungsgericht im Anschluß an die feste Rechtsprechung des Reichsgerichts bedenkenfrei ausführt, Unmöglichkeit der Erfüllung eingetreten, da die wirtschaftlichen Verhältnisse durch den Krieg und die Unterbindung jeder Baumwolleinfuhr auf dem in Rede stehenden Gebiet eine derartige Umgestaltung erfahren haben, daß die Leistung nicht mehr als sinngemäße Erfüllung des ursprünglichen Vertrags aufgefaßt und daher auch der Beklagten nach Treu und Glauben nicht mehr angesonnen werden kann (vgl. für den Baumwollhandel RGZ. Bd. 94 S. 68; Warneyer 1918 Nr. 6, 28, 153). Demgemäß hat sich die zeitliche Verschiebung der Leistung in eine endgültige Aufhebung der Erfüllungspflicht umgewandelt. Da hierfür die Beklagte nicht einzustehen hat, so erweist sich der gegen sie mit der Klage geltend gemachte Schadensersatzanspruch als unbegründet.

---

79. Können ursprünglich verwechselungsfähige Warenzeichen durch ungestörten jahrelangen Gebrauch nebeneinander ihre Verwechselungsfähigkeit verlieren?

II. Zivilsenat. Urt. v. 23. November 1920 i. S. Sch. (Bekl.) w. Z. (Kl.). II 206/20.

I. Landgericht Dresden, Kammer für Handelssachen. — II. Oberlandesgericht das.

Der Kläger, für den seit 1897 die Worte „Salem Aleikum" und seit 14. Oktober 1910 das Wort „Salemgold" für Zigaretten, Zigarren,

Rauch-, Schnupf-, Kautabak und Zigarettenpapier eingetragen ist, verlangt von der Beklagten Löschung des seit 1. Februar 1908 eingetragenen Warenzeichens für die gleichen Waren „Sar Alam", das auf sie mit Übernahme des Geschäfts im Jahre 1918 übergegangen ist. Das Landgericht hat die Verwechselungsfähigkeit verneint und die Klage abgewiesen. Auf die Berufung des Klägers ist das landgerichtliche Urteil abgeändert und die Beklagte nach dem Klagantrage verurteilt worden. Die Revision hatte keinen Erfolg.

Gründe:

Das Berufungsgericht kommt zunächst zu der Überzeugung, daß bei den Zeichen „Salem Aleikum" und „Sar Alam" der klangliche wie der bildliche Gesamteindruck in der Erinnerung so ähnlich sei, daß eine Verwechselungsgefahr zwischen ihnen bestehe, zumal es sich bei dem Zeichen des Klägers um einen fremdsprachlichen Ausdruck handle, dem ein großer Teil der Kundschaft ebenso verständnislos gegenüberstehe, wie dem aus einem Phantasieworte bestehenden Zeichen der Beklagten.... Sodann stellt das Berufungsgericht noch fest, daß daraus, daß der Kläger eine Reihe von Jahren gegen das Zeichen der Beklagten nicht eingeschritten sei, ein Verzicht auf seinen Unterlassungsanspruch nach den gesamten Umständen nicht entnommen werden könne. Verfehlt sei auch die Auffassung der Beklagten, daß der Kläger sich wenigstens so behandeln lassen müsse, als ob er auf Einwendungen gegen das Warenzeichen verzichtet habe, da er sie und ihren Rechtsvorgänger durch sein jahrelanges Zuwarten in den Glauben versetzt habe, daß er ihr Warenzeichen nicht beanstande.... (Die hiergegen gerichteten Revisionsangriffe werden widerlegt; sodann wird fortgefahren:)

Von Gewicht ist aber der Angriff der Revision, das Berufungsgericht sei nicht auf den von der Beklagten vorgebrachten Einwand eingegangen, daß durch den ungestörten Gebrauch des Warenzeichens der Beklagten 10 Jahre hindurch das in Betracht kommende Publikum sich mit der Eigenart beider Zeichen vertraut gemacht habe und daher gegenwärtig eine Verwechselungsgefahr jedenfalls nicht mehr bestehe. In der Tat hat das Berufungsgericht jede Prüfung nach dieser Richtung hin unterlassen. Möglich aber ist es, daß ursprünglich verwechselungsfähige Zeichen durch ungestörten jahrelangen Gebrauch nebeneinander ihre Verwechselungsfähigkeit verlieren, weil sich das Publikum allmählich daran gewöhnt hat, sie zu unterscheiden. Das trifft für alle Kennzeichnungsmittel zu und ist wie für Zeitungstitel (RGZ. Bd. 40 S. 22) so auch für Ausstattungen und Warenzeichen anzuerkennen (vgl. Urt. des RG. im Blatt für Patent-, Muster- und Zeichenwesen Bd. 1 S. 280; Bescheid des Patentamtes das. Bd. 10 S. 350; Markenschutz und Wettbewerb 1907 S. 207). Der Angriff kann gleichwohl nicht zur Aufhebung des Urteils führen, da sich aus den übrigen tatsächlichen Feststellungen ergibt, daß eine derartige Gewöhnung des Publikums an die Unterscheidung beider Zeichen nicht stattgefunden hat, vielmehr die Verwechselungsgefahr weiter besteht. Denn das Berufungsgericht stellt fest, daß im Jahre 1913 die Warenbezeichnungen noch verwechselungsfähig waren, da darauf beim Kaufangebot an die J.-Gesellschaft Bezug genommen wurde; daß auch im Jahre 1916 oder 1917 die Zeichen von den Mitgliedern der Hauptstelle für das Zigarettenmonopol in Polen noch für verwechselungsfähig angesehen wurden; ebenso daß 1916 eine Verwechselung durch den Landsturmmann P. vorgekommen ist. Bis in die Jahre 1916 oder 1917 hatte sich demnach ausweislich dieser Feststellungen das an sich mögliche Vertrautsein mit beiden Warenzeichen noch nicht herausgebildet. Daß dies aber bis zum Jahre 1918, wo die Klagerhebung erfolgte, also binnen 1 bis 2 Jahren geschehen sei, ist von vornherein nicht anzunehmen, wenn dieses Vertrautsein nicht einmal in den vorausgegangenen 8 Jahren erreicht wurde, um so weniger, als sich bei dem wechselnden und immer neu hinzutretenden Kundenkreis eine ständige und feste Auffassung über die Warenzeichen überhaupt schwer ausbilden kann. Dem Einwande der Beklagten, auf den sich die Revision stützt, fehlen also die tatsächlichen Unterlagen, und es konnte deshalb nach Lage der Sache von einer Nachholung der unterlassenen Prüfung nach dieser Richtung durch das Berufungsgericht Abstand genommen werden.

---

80. Kann nach § 12 des Warenzeichengesetzes auch die Löschung einer Firma verlangt werden, die das eingetragene Warenzeichen als Firmenbestandteil aufgenommen hat?

II. Zivilsenat. Urt. v. 23. November 1920 i. S. Sch. (Bekl.) w. Z. (Kl.). II 207/20.

I. Landgericht Dresden, Kammer für Handelssachen. — II. Oberlandesgericht daselbst.

Für den Kläger ist seit 1897 das Wortzeichen „Salem Aleikum" für Zigarren, Zigaretten, Rauch-, Kau- und Schnupftabak usw. eingetragen. Für den Kaufmann T. in Dresden wurde 1908 das Wortzeichen „Sar Alam" für dieselben Waren eingetragen. Das Recht auf das Warenzeichen hat T. mit seinem Geschäftsbetrieb dem Kaufmann Bl. abgetreten; dieser ließ im Jahre 1911 die das miterworbene Zeichen enthaltende Firma „Sar Alam, F. Bl." eintragen, der später der Zusatz „& Co." gegeben wurde. Seit Anfang 1918 ist die Beklagte Inhaberin dieser Firma. Sie benutzt sie auch in Abkürzungen auf die Worte „Sar Alam". In der Aufnahme des Wortzeichens „Sar Alam" in ihre Firma und in der Führung dieser Firma erblickt der Kläger eine Störung seines Gewerbebetriebs und unlauteren Wettbewerb und verlangt, daß die Beklagte den Zusatz „Sar Alam" in ihrer Firma unterlasse.

Während das Landgericht die Klage abwies, wurde auf die Berufung des Klägers die Beklagte verurteilt, in Löschung ihrer Firma „Sar Alam, F. Bl & Co." oder der darin enthaltenen Worte „Sar Alam" zu willigen. Die Revision ist zurückgewiesen worden aus folgenden

Gründen:

Das Berufungsgericht stützt die Verurteilung der Beklagten lediglich auf § 1004 BGB., indem es annimmt, daß die Verwendung der mit dem Warenzeichen des Klägers verwechselungsfähigen Worte „Sar Alam" zur Firmenbildung eine Beeinträchtigung des eingerichteten und ausgeübten Gewerbebetriebs des Klägers durch die dadurch hervorgerufene Irreführung des kaufenden Publikums enthalte, die zum Verlangen der Beseitigung der die Störung verursachenden Firma berechtige. Es kann dahingestellt bleiben, ob dieser mit der bisherigen Rechtsauffassung des Reichsgerichts nicht im Einklange stehenden Ansicht (vgl. u. a. RGZ. Bd. 64 S. 52, Bd. 73 S. 107; Warneyer 1911 Nr. 373), die übrigens von der Revision selbst als zutreffend bezeichnet wird, beigestimmt werden könnte. Ebenso kann unerörtert bleiben, ob der Tatbestand des § 1 UWG. vorliegendenfalls ausreichend festgestellt ist (vgl. insbes RGZ. Bd. 81 S. 330). Denn der Klaganspruch findet nach der Ansicht des Senats schon in § 12 WZG. seine Stütze, vorausgesetzt, daß die Verwechselungsgefahr zwischen den Bezeichnungen „Sar Alam" und „Salem Aleikum" vorliegt. Wie das Oberlandesgericht selbst hervorhebt, steht § 13 WZG. dem aus § 12 herzuleitenden Anspruch nicht entgegen, da es sich hier nicht um einen notwendigen Firmenbestandteil, sondern um einen willkürlich gewählten handelt. Ist aber eine Bezeichnung als Warenzeichen geschützt, so verbietet § 12 die Verwendung dieses Zeichens zum Zwecke jeder Warenbezeichnung und schlechthin, gleichviel auf welchem Wege diese betätigt wird. Da nun eine Firma zunächst und unmittelbar zwar nur der Bezeichnung des Geschäftsbetriebes dient, mittelbar dadurch aber auch die Herkunft der aus ihm stammenden Waren kennzeichnet, so wird das Warenzeichen auch dadurch, daß es in einer Firma als deren Bestandteil gebraucht wird, in einer Weise verwendet, die in den nach § 12 geschützten Rechtskreis des Warenzeichenschutzes eingreift. Wer in einem Geschäfte kauft, das als Firma ein bekanntes oder mit diesem verwechselbares geschütztes Warenzeichen führt, nimmt ohne weiteres an, er erhalte mit jenem Warenzeichen versehene und dadurch gekennzeichnete Waren. ...

81. 1. Kann die Wiedereinsetzung in den vorigen Stand gegen den Ablauf der Berufungsfrist versagt werden, weil der Gesuchsteller, der im ersten Rechtszuge das Armenrecht gehabt hatte, seinem Armenrechtsgesuche für den zweiten Rechtszug kein neues Armutszeugnis beigefügt hat?

2. Umfang der Behauptungs- und Glaubhaftmachungspflicht nach § 236 Abs. 1 Nr. 1, § 234 Abs. 2 ZPO. im Falle der Verzögerung der Ausstellung des Armutszeugnisses.

III. Zivilsenat. Urt. v. 23. November 1920 i. S. J. (Kl.) w. Donnersmarckhütte (Bekl.). III 235/20.

I. Landgericht Gleiwitz. — II. Oberlandesgericht Breslau.

Der durch Urteil des Landgerichts vom 14. Mai 1919, zugestellt am 2. Juni 1919, abgewiesene Kläger hat in einem Gesuche vom 19. Juni 1919, eingegangen bei dem Oberlandesgericht am 23. dess. Mts., um Bewilligung des Armenrechts für die Berufung; ein Armutszeugnis hatte er, da ihm für den ersten Rechtszug das Armenrecht bewilligt war, dem Gesuche nicht beigefügt. Die von dem Berufungsgericht am 24. dess. Mts. eingeforderten Akten gingen erst am 3. Juli 1919 ein. Am 7. dess. Mts. forderte das Oberlandesgericht, welches das bei den Akten befindliche Armutszeugnis vom 31. Mai 1917 für zu lange zurückliegend erachtete, die Einlieferung eines neuen. Durch Schreiben vom 19. Juli, beim Gericht eingegangen am 20. dess. Mts., teilte der Kläger mit, daß er sofort nach Eingang der Aufforderung vom 7. den Amtsvorsteher um Erteilung eines Armutszeugnisses gebeten, dieses indessen noch nicht erhalten habe; er werde um Beschleunigung der Erteilung bemüht sein und das Zeugnis nach Eingang sofort einreichen. Am 1. August ging mit Schreiben des Klägers vom 31. Juli das vom 29. Juli datierte Armutszeugnis bei dem Oberlandesgericht ein. Durch Beschluß vom 5. August wurde sodann dem Kläger das Armenrecht bewilligt. Am 9. legte der Armenanwalt für den Kläger Berufung ein und beantragte gleichzeitig unter Anführung der vorstehenden Tatsachen die Wiedereinsetzung in den vorigen Stand gegen die Versäumung der Berufungsfrist. Das Oberlandesgericht verwarf die Berufung als unzulässig. Auf die Revision des Klägers wurde das Urteil aufgehoben und die Sache an das Berufungsgericht zurückverwiesen.

Gründe:

Das Berufungsgericht meint zunächst, man könne ein Verschulden des Klägers darin finden, daß er seinem Armenrechtsgesuche vom 19. Juni 1919 kein neues Armutszeugnis beigefügt habe, obwohl er sich bei ordentlicher Überlegung habe sagen müssen, daß das Zeugnis vom 31. Mai 1917 kaum noch als beweiskräftig erachtet werden könnte, zumal sich gerade während des Krieges bedeutende Änderungen in den Vermögens- und Einkommensverhältnissen vollzogen hätten. Es läßt dies aber dahingestellt, weil es jedenfalls Pflicht des Klägers gewesen sei, sofort nach Empfang der Verfügung vom 7. Juli 1919 die ihm aufgegebene Einreichung eines neuen Armutszeugnisses mit allen Mitteln zu betreiben. Der Zeitraum bis zum 31. Juli sei an sich lang genug, um eine Versäumnis des Klägers annehmen zu lassen, und daß ihm eine frühere Einreichung nach dem Geschäftsgange bei dem Amtsvorsteher nicht möglich gewesen sei, habe er in dem Wiedereinsetzungsgesuch nicht behauptet, auch Mittel zur Glaubhaftmachung weder in diesem angeführt noch in dem Verhandlungstermin überreicht. Das Gesuch entspreche daher nicht den gesetzlichen Erfordernissen des § 236 ZPO.

Bei diesen Ausführungen hat der Vorderrichter nicht beachtet, daß die Berufungsfrist bereits am 2. Juli, also vor dem Erlasse der Verfügung vom 7. dess. Mts. abgelaufen war und daß für die spätere Zeit nicht die Vorschrift des § 233 Abs. 1 ZPO., sondern die des § 234 in Betracht kommt, nach der die Wiedereinsetzung in den vorigen Stand innerhalb einer zweiwöchigen Frist von der Hebung des Hindernisses ab beantragt werden muß. Aus dem Wiedereinsetzungsgesuch und den Gerichtsakten ergab sich ohne weiteres, daß das Armenrechtsgesuch rechtzeitig vor Ablauf der Berufungsfrist bei Gericht eingelaufen war und ein Bescheid darauf innerhalb dieser Frist deshalb nicht ergangen ist, weil die Akten erst nach deren Ablaufe bei Gericht eingelaufen sind. Die Voraussetzung des § 233 Abs. 1 ZPO., daß der Kläger durch einen unabwendbaren Zufall an der Einhaltung der Berufungsfrist verhindert war, war danach dargetan. Das Berufungsgericht hätte nun prüfen müssen, ob die zweiwöchige Frist gewahrt war, insbesondere, wann das der Einlegung der Berufung entgegenstehende Hindernis, die unverschuldete Anwaltlosigkeit (RGZ. Bd. 47 S. 377, Bd. 67 S. 186; JW. 1902 S. 604, 1909 S. 728; Warneyer 1915 S. 188, 1918 S. 29; LZ. 1919 Sp 259), behoben war. Kam es zu dem Ergebnisse, daß die Anwaltlosigkeit des Klägers erst innerhalb der letzten zwei Wochen aufgehört habe, eine unverschuldete zu sein, dann hätte die Wiedereinsetzung bewilligt werden müssen, ohne daß es einer näheren Darlegung der Gründe für die Verspätung der Einlieferung des Armutszeugnisses und der Angabe der Mittel für deren Glaubhaftmachung bedurft hätte. Nur wenn Zweifel blieben, ob nicht das Hindernis bereits mehr als zwei Wochen vorher behoben gewesen sei, konnte das Wiedereinsetzungsgesuch abgewiesen werden, weil es nicht diese Gründe und die Mittel für ihre Glaubhaftmachung enthalte; denn auch die Tatsachen, die die Einhaltung der Frist des § 234 ergeben, gehören zu den die Wiedereinsetzung begründenden Tatsachen im Sinne des § 236 Abs. 1 Nr. 1 ZPO. (RGZ. Bd. 31 S. 400; JW. 1902 S. 604; Warneyer 1908 S. 444, 1915 S. 188).

Der Berufungsrichter stellt aber ferner auch zu hohe Anforderungen an den Kläger hinsichtlich der Beschaffung des Armutszeugnisses und an seine Behauptungs- und Glaubhaftmachungspflicht in dem Wiedereinsetzungsgesuche. Nach § 119 Abs. 2 Satz 1 ZPO. bedarf es bei einem Gesuch um Bewilligung des Armenrechts für die höhere Instanz des Nachweises des Unvermögens nicht, wenn das Armenrecht in der vorherigen Instanz bewilligt war. Deshalb kann man hier dem Kläger nicht zum Vorwurfe machen, daß er seinem Armenrechtsgesuche vom 19. Juni 1919 nicht ein neues Armutszeugnis beigefügt hatte, obwohl das in dem ersten Rechtszug eingereichte Zeugnis bereits über 2 Jahre alt war und im Kriege vielfach starke Veränderungen in den Vermögensverhältnissen eingetreten sind; der Kläger durfte vielmehr abwarten, ob das Berufungsgericht das alte Zeugnis für genügend erachten oder ein neues fordern würde. Ob im Anschluß an das Urteil des Reichsgerichts V 218/19 vom 15. November 1919 vielleicht dann etwas anderes anzunehmen wäre, wenn sich die Verhältnisse des Klägers inzwischen günstiger gestaltet hätten, so daß er nicht von seiner Armut im Sinne des § 114 ZPO. überzeugt sein konnte, bedarf keiner Entscheidung, weil sich ausweislich der beiden Armutszeugnisse seine Vermögensverhältnisse inzwischen nicht gebessert hatten.

Ebensowenig zu billigen ist die Ansicht des Berufungsgerichts, daß schon die Länge des Zeitraums vom 7. bis 31. Juli für eine Versäumnis des Klägers spreche und deshalb von diesem darzulegen gewesen sei, daß ihm nach dem Geschäftsgange bei dem Amtsvorsteher eine frühere Einreichung des Armutszeugnisses nicht möglich gewesen sei. Eine solche Vermutung für ein Verschulden eines Gesuchstellers, der erst nach etwa drei Wochen das eingeforderte Armutszeugnis einreicht, kann nicht anerkannt werden. Sie würde mit den tatsächlichen Verhältnissen unvereinbar sein. Auch ohne jedes Verschulden des Gesuchstellers kommt eine derartige Verspätung der Erledigung von Gesuchen um Ausstellung von Armutszeugnissen vor. Insbesondere kann auch nicht allgemein eine Verpflichtung des Gesuchstellers angenommen werden, auf rasche Erledigung seines Gesuchs hinzuwirken. Er wird sich vielmehr regelmäßig darauf verlassen dürfen, daß sein Gesuch von der Behörde ordnungsmäßig erledigt wird (vgl. RG. VI 359/18 vom 10. Februar 1919, LZ. 1919 Sp. 888), und nur unter besonderen Umständen fahrlässig handeln, wenn er nicht auf Beschleunigung drängt.

82. Erstreckt sich die Kirchenbaulast des Zehntherrn und Patrons auch auf den Bau von Wohnungen katholischer Hilfskapläne, die dem Pfarrer mit Genehmigung des Bischofs wegen Vermehrung der Seelenzahl oder aus persönlichen Gründen beigegeben sind?

VII. Zivilsenat. Urt. v. 23. November 1920 i. S. kathol. Kirchengem. S. (Bekl.) w. preuß. Staat. (Kl.). VII 484/19.

I. Landgericht Wiesbaden. — II. Oberlandesgericht Frankfurt a. M.

In den Jahren 1909 und 1910 wurde das baufällig gewordene Pfarrhaus in S. einem Umbau unterzogen und es sollte gleichzeitig für den dem Pfarrer beigegebenen Kaplan in dem Obergeschoß des Anbaues eine neue Kaplanswohnung eingerichtet werden. Der Kaplan war als Hilfsgeistlicher dem Pfarrer zugeteilt, weil nach der vom Kläger bestrittenen Angabe der Beklagten die Seelenzahl der Gemeinde sich durch den Zuzug von Arbeitern stark (auf mehr als 2500 Seelen) vermehrt hatte. Die Kirchenbaulast in S., das früher zu Kur-Mainz, später zum Herzogtum Nassau gehörte, lag seit alters dem Zehntherrn (Decimator) ob und war seit dem Jahre 1484 von der Abtei Limburg an der Hardt auf das Petersstift in Mainz, nach der Säkularisation auf den Staat übergegangen. Der Zehntherr hatte das katholische „Pfarrhaus", nach Pfarrberichten aus den Jahren 1790 und 1832 die „Pfarrgebäude", in Bau und Besserung zu halten (aedificat et reparat). Der Kläger bestritt aber, daß dazu die Verpflichtung zum Bau einer besonderen Kaplanswohnung gehöre, denn nach gemeinem Kirchenrechte sei der Unterhalt (Besoldung, Beköstigung und Wohnung) des Hilfskaplans eine Last, die lediglich dem Pfarrer, nach neuerem preußischen Kirchenrecht, insbesondere dem Gesetze, betreffend das Diensteinkommen der katholischen Pfarrer vom 2. Juli 1898, Art. 1, 6, der Gemeinde obliege. Die Kirchenbaulast des Zehntherrn und Patrons könne durch die Bestellung solcher Hilfsgeistlicher, die lediglich im Ermessen des Pfarrers und der Oberen liege und auf die sie keinen Einfluß hätten, nicht erweitert und erschwert werden. Die Beklagte folgerte umgekehrt aus dem Umstande, daß der Pfarrer dem Hilfsgeistlichen Unterhalt und observanzmäßig auch Wohnung im Pfarrhause zu gewähren hätte, die Bauverpflichtung des Klägers. Mit dem Vorschlag der Regierung vom 30. April 1909, sie wolle den Bau im vollen vorgesehenen Umfange ausführen, die Beklagte solle aber die besonderen Kosten der Kaplanswohnung bis zum Austrage der streitigen Frage im Rechtswege vorschießen, erklärte sich der Kirchenvorstand in einem Beschlusse vom 17. Mai 1909 zunächst einverstanden, die Gemeindevertretung versagte dann aber ihre Zustimmung. Infolgedessen bezahlte der Kläger die gesamten Kosten des inzwischen ausgeführten Baues im Betrage von 14039,41 M, fordert aber die durch die Einrichtung der Kaplanswohnung entstandenen Mehrkosten, die er auf 1882,94 M, die Beklagte auf 1144,78 M berechnet, sowie den Austrag der entstandenen Streitfrage im Rechtswege. Er klagte mit dem Antrage, a) die Beklagte zu verurteilen, dem Kläger 1882,94 M mit Zinsen zu zahlen, b) festzustellen, daß die Beklagte ein für allemal verpflichtet sei, sämtliche Bau- und Unterhaltungskosten der Kaplanswohnung im Pfarrhause zu S. zu tragen.

Das Landgericht wies dem Antrage der Beklagten gemäß die Klage ab. Das Oberlandesgericht hat abändernd den Zahlungsanspruch zu a) dem Grunde nach für gerechtfertigt erklärt und die Ermittelung des Betrags dem Landgericht überlassen. Auf den Antrag zu b) hat es festgestellt, daß der Kläger nicht verpflichtet sei, die Bau- und Unterhaltungskosten einer Kaplanswohnung im Pfarrhause zu S. zu tragen. So hatte nämlich der Kläger in der Berufungsinstanz in erster Linie zu erkennen beantragt.

Gegen das Berufungsurteil legte die Beklagte Revision ein, diese hatte jedoch keinen Erfolg.

Gründe:

Nach gemeinem katholischem Kirchenrechte (vgl. u. a. Hinschius, System des kathol. Kirchenrechts, Bd. 2 S. 320 [§ 93 Nr. 8 und Anm. 9]; v. Schulte, Lehrbuch § 63 IV; Permaneder, Handbuch Bd. 1 § 371; v. Scherer, Handbuch Bd. 1 § 93 S. 650 bei Anm. 20) werden gemäß der Bestimmung des Tridentiner Konzils, Sess. XXI cap. 4 de reform.:

> „Episcopi ... in omnibus ecclesiis parochialibus vel baptismalibus, in quibus populus ita numerosus sit, ut unus rector non possit sufficere ecclesiasticis sacramentis ministrandis et cultui divino peragendo, cogant rectores vel alios, ad quos pertinet, sibi tot sacerdotes ad hoc munus adjungere, quot sufficiant ad sacramenta exhibenda et cultum divinum celebrandum,“

die nötigen Hilfsgeistlichen (Kapläne), sowohl im Falle der Vermehrung der Seelenzahl als auch im Falle persönlicher Verhinderungen (Krankheit, Altersschwäche), vom Pfarrer mit Ermächtigung des Bischofs berufen und von ihm besoldet und unterhalten (mit Wohnung und Kost versehen). Der hieraus von der Beklagten gezogenen Folgerung, daß diejenigen, denen die Baulast in Ansehung der Kirchen- und Pfarrgebäude obliege,

Conc. Trid. Sessio XXI cap. 7 de reform.: „Parochiales vero ecclesias, etiamsi juris patronatus sint, ita collapsas refici et instaurari procurent ex fructibus et proventibus quibuscumque ad easdem ecclesias quomodocumque pertinentibus. Qui si non fuerint sufficientes, omnes patronos et alios, qui fructus aliquos ex dictis ecclesiis provenientes percipiunt, aut in illorum defectum parochianos omnibus remediis opportunis ad praedicta cogant . . .“ auch für die Kaplanswohnung zum mindesten dann zu sorgen hätten, wenn der Kaplan nicht aus persönlichen Gründen, sondern wegen Vermehrung der Pfarreingesessenen angenommen sei, hatte sich das Landgericht, übereinstimmend mit der von Hummel in seiner Dissertation über die Verbindlichkeit der Zehntbesitzer (Stuttgart 1854) § 17 b (unter Berufung auf Permaneder, Handbuch Bd. 2 § 802 bei Anm. 1) vertretenen Auffassung, angeschlossen. Es hatte dabei Gewicht darauf gelegt, daß im Bistum Limburg observanzmäßig den Kaplänen in den Pfarrhäusern Wohnung und Beköstigung zu gewähren sei. Das Oberlandesgericht aber ist dem nicht beigetreten. Es vermißt jede gesetzliche Norm und auch jeden Anhalt für eine solche Ausdehnung der dem Zehntherrn und Patron obliegenden Baupflicht auf Verpflichtungen, die dem Pfarrer als solchem obliegen. Eine Observanz im rechtsrheinischen Teile des Erzbistums Mainz, im Gebiete des vormaligen Herzogtums Nassau, die den Pfarrer verpflichtete, den Hilfsgeistlichen, die er zu besolden hatte, im Pfarrhause Wohnung zu gewähren, sei nicht festzustellen. Es sei zwar erwiesenermaßen im allgemeinen so gehalten worden, aber es seien auch Ausnahmen vorgekommen, und in den Fällen, wo die Wohnung im Pfarrhause gewährt worden sei, fehle es an dem Nachweis, daß dies aus Rechtsüberzeugung (opinione necessitatis sive iuris, Gruchot Bd. 31 S. 887) und nicht um anderer Rücksichten willen (Mangel an anderer Unterkunft, dienstlichen und gesellschaftlichen Rücksichten, Kostenersparnis) geschehen sei. Aber auch wenn man eine solche Observanz annehmen wolle, fehle es an einer den Zehntherrn oder Patron zur Erweiterung seiner Baupflicht im Falle des Vorhandenseins von Hilfskaplänen verpflichtenden Observanz. Nachgewiesen sei nur, daß in 2 Fällen (Höchst und Eltville) aus besonderen Gründen der Kläger und ebenso in 2 anderen Fällen (Schwanheim und Frankfurt) die Stadt Frankfurt ohne Anerkennung einer allgemeinen Verpflichtung sich zum Bau von Kaplanswohnungen verstanden hätten. Daraus sei kein Gewohnheitsrecht abzuleiten, vielmehr das Gegenteil festzustellen.

Die hiergegen von der Revision erhobenen Einwendungen sind nicht stichhaltig. Wenn von ihr unter Bezugnahme auf Kapitularien Karls des Großen (de villis c. 6. 7. u. a.) geltend gemacht wird, daß ursprünglich die Zehnten den Kirchen (ecclesiis) zustanden und zum Unterhalte der Kirchenbeamten (des Bischofs und des Pfarrers) sowie zur Erbauung und Erhaltung der kirchlichen Gebäude und der Kirchen dienten, so mag dies zutreffen, beweist aber nicht, daß sie auch zur Besoldung der von dem Pfarrer aus seinen Gebührnissen zu unterhaltenden und mit Wohnung zu versehenden Hilfskapläne dienten. Im preußischen

Rechte ist die Rechtsprechung in der Anwendung der §§ 584, 720 flg., 789 ALR. II, 11 sehr weit gegangen, indem sie den Patron nicht nur zu notwendigen Erweiterungsbauten an Kirchen und Pfarrgebäuden, sondern auch zur Herstellung eines Neubaues für eine zweite Predigerstelle (RGZ. Bd. 45 S. 208) für verpflichtet erachtet hat. Aber die Ausdehnung der Baupflicht auf Hilfsgeistliche (Kapläne), die der Pfarrer zu unterhalten hatte und in Ansehung deren dem Patron kein Mitwirkungs- und Präsentationsrecht zusteht, hat der IV. Zivilsenat in dem dem Berufungsrichter vorgelegten und von ihm bei seiner Entscheidung berücksichtigten Urteile vom 5. März 1917 IV 391/16 abgelehnt. Für das gemeinrechtliche Rechtsgebiet andere Rechtsgrundsätze aufzustellen, verbietet sich um so mehr, als die Rechtsprechung des Reichsgerichts sich hier in der Erweiterung der Baupflicht viel zurückhaltender verhalten hat (JW. 1911 S. 233 Nr. 57; RGZ. Bd. 15 S. 168).

Was die vom Berufungsrichter verneinten Observanzen im rechtsrheinischen Teile des Erzbistums Mainz anlangt, so hat die Revision die bezüglichen Ausführungen des Berufungsrichters nicht besonders angefochten. Sie sind auch mit der Revision nicht anfechtbar, weil es sich um tatsächliche Feststellungen und um lokale Rechtsnormen handelt (JW. 1910 S. 662 Nr. 30; Gruchot Bd. 46 S. 120, Bd. 31 S. 887, Bd. 61 S. 949).

---

83. Zu verschiedenen Fragen aus dem Gebiete des Pfandrechts an Rechten, namentlich an dem Geschäftsanteil einer Gesellschaft m. b. H.

VII. Zivilsenat. Urt. v. 26. November 1920 i. S. P.-Fabrik F. (Bekl.) w. K. (Kl.). VII 286/20.

I. Landgericht Gera. — II. Oberlandesgericht Jena.

Der Kläger und sein inzwischen verstorbener Bruder Alfred hatten ihre Geschäftsanteile an der Gesellschaft m. b. H. K. und H. in W., die auf 104250 und 106800 *M* lauteten, der Koburgisch-Gothaischen Bank in Gotha für eine Privatschuld von zuletzt 96690,15 *M* verpfändet. Nach den Geschäftsbedingungen sollte das Pfand bei Verzug des Schuldners ohne gerichtliches Verfahren verkauft werden können. Durch Abtretungen gelangte die Forderung an die Beklagte. Sie kündigte die Schuld zum 25. Juli 1919, erhielt das Geld aber erst am 30. und 31. Juli 1919. Sie behauptet, daß sie schon vor Empfang der — deshalb nur unter Vorbehalt angenommenen — Zahlung die Geschäftsanteile für 99416,48 *M*, den damaligen Betrag der Forderung, an ihren Generaldirektor S. veräußert, sie alsbald aber wieder zurückerworben habe. Die Rechtsbeistände des Klägers, die hiervon jedenfalls nichts wußten, teilten dem Generaldirektor S. unter dem 31. Juli und 4. August 1919 mit, daß die Schuld beglichen, das Pfandrecht erloschen, ein Verkauf nicht mehr zulässig sei. Gleichwohl ließ die Beklagte die Geschäftsanteile am 16. August 1919 durch den Notar Dr. B. als Pfänder öffentlich versteigern. Sie erwarb sie selbst für 90000 *M*. Der Kläger schied daraufhin aus dem Aufsichtsrate der Gesellschaft m. b. H. aus, und am 19. September 1919 beschloß dieser, den Grundbesitz der Gesellschaft an die Beklagte zu veräußern. Am 8. Oktober 1919 fand die Auflassung statt.

Mit der gegenwärtigen Klage fordert der Kläger, auf den die Rechte seines Bruders durch Abtretung übergegangen sind, u. a. Feststellung der Rechtsunwirksamkeit des Verkaufs an S. und der Versteigerung, Feststellung, daß der Kläger unbeschränkter Inhaber der Geschäftsanteile sei, die Beklagte aber nicht berechtigt gewesen sei, Gesellschafterrechte auszuüben, Feststellung, daß die Beklagte dem Kläger allen Schaden ersetzen müsse, der durch die Versteigerung der Geschäftsanteile und die Ausübung von Gesellschafterrechten durch die Beklagte entstanden sei, hilfsweise endlich Verurteilung der Beklagten, die Geschäftsanteile dem Kläger zurückabzutreten. Das Landgericht stellte fest, daß die Veräußerung der Geschäftsanteile an den Generaldirektor S. rechtsunwirksam gewesen sei, und verurteilte die Beklagte weiter, die in der Versteigerung erworbenen Geschäftsanteile an den Kläger zurückabzutreten und ihm allen Schaden zu ersetzen, der durch die Versteigerung der Anteile und die Ausübung von Gesellschafterrechten durch die Beklagte entstanden sei und noch entstehe. Das Oberlandesgericht hat auf die Berufung der Beklagten und die Anschließung des Klägers festgestellt, daß die Beklagte nie berechtigt gewesen sei, Gesellschafterrechte auszuüben, daß der Kläger alleinberechtigter Gesellschafter zu den streitigen Anteilen sei und die Beklagte ihm allen Schaden zu ersetzen habe, der durch die Versteigerung der Geschäftsanteile und durch die Ausübung der Gesellschafterrechte von seiten der Beklagten entstanden sei und noch entstehe. Im übrigen hat das Berufungsgericht die oben wiedergegebenen Klaganträge abgewiesen. Die Revision der Beklagten blieb erfolglos.

Gründe:

Da der Kläger sämtliche Rechte seines verstorbenen Bruders durch Abtretung erworben hat, so wird im folgenden der Kürze halber immer nur vom Kläger allein gesprochen, auch da, wo er noch zusammen mit seinem Bruder handelnd aufgetreten ist.

Die Revision ist unbegründet.

Das Oberlandesgericht erblickt in dem Geschäftsanteil an einer Gesellschaft m. b. H. ein verpfändbares Recht im Sinne des § 1273

BGB. und nimmt an, daß die ursprünglich der Koburgisch-Gothaischen Bank bestellten Pfandrechte bei den Abtretungen der Forderungen mit übergegangen und schließlich an die Beklagte gelangt sind. Den ursprünglich geschlossenen Pfandvertrag hält das Oberlandesgericht nicht in vollem Umfange für gültig, weil die Abrede, daß das Pfand bei Verzug des Schuldners ohne gerichtliches Verfahren verkauft werden dürfe, über die im § 1277 BGB. umschriebenen Grenzen der Vertragsfreiheit hinausgehe; auf die Form der öffentlichen Versteigerung der Pfänder habe vor dem Eintritte der Verkaufsberechtigung von dem Verpfänder nicht verzichtet werden dürfen (§ 1277 Satz 2, § 1245 Abs. 2, § 1235 BGB.). Die Nichtigkeit des ganzen Pfandvertrags hat das Oberlandesgericht deswegen aber nicht angenommen, vielmehr ist es stillschweigend davon ausgegangen, daß der Pfandvertrag ohne die nichtige Klausel abgeschlossen worden wäre, wenn die Vertragsparteien die Nichtigkeit gekannt hätten (§ 139 BGB.). Alles das ist nicht zu beanstanden, es ist auch, soweit es überhaupt der Beklagten ungünstig ist, von der Revision nicht angefochten worden.

Schon von seinem eben gekennzeichneten Standpunkt aus hat das Oberlandesgericht den freihändigen Verkauf der Pfänder, der in der Zeit vom 25. bis 30. Juli 1919 an den Generaldirektor S. stattgefunden haben soll, mit Grund für unrechtmäßig erachtet (§ 1243 Abs. 1 BGB.). Irgendwelche Rechtsfolgen konnte er also nicht auslösen, und das auch dann nicht, wenn S. in gutem Glauben gewesen sein sollte. Die Vorschrift des § 1244 findet allerdings auch auf den Verkauf von verpfändeten Rechten Anwendung, wenn dieser Verkauf durch eine nach § 1277 Satz 1 mögliche besondere Abrede zugelassen ist (RGZ. Bd. 61 S. 330); vorliegend fehlt es aber auch an den Voraussetzungen des § 1244. Auf die freihändig bewirkte Veräußerung eines Pfandes erstreckt sich der Schutz dieser Vorschrift überhaupt nicht. Auf die vom Oberlandesgerichte verneinte Frage, ob die freihändige Veräußerung, wenn sie zulässig gewesen wäre, nach § 15 Abs. 3 GmbHG. der gerichtlichen oder notariellen Form bedurft hätte, braucht bei diesem Ergebnis nicht eingegangen zu werden. Und da S. die Geschäftsanteile selbst nicht erworben hat, so kann auch unerörtert bleiben, ob er sie der Beklagten zurückübertragen hat und in welcher Form das hätte geschehen müssen.

Als der Kläger am 30. und 31. Juli seine Schuld bezahlte, zahlte er zwar an sich zu spät, aber doch noch rechtzeitig genug, um die Schuld zu tilgen und die Pfänder einzulösen. Der Vorbehalt bei Entgegennahme der Zahlung war bedeutungslos. Er hatte nur für den Fall einen Sinn, wenn der Verkauf an S. ein rechtsgültiger Pfandverkauf gewesen wäre, durch dessen Erlös schon damals die Schuld des Klägers getilgt worden wäre. Das traf nach obigem aber nicht zu. Die Forderung der Beklagten wurde also erst durch die Zahlung des Klägers befriedigt, und damit erlosch nach § 1252 BGB. das Pfandrecht. Die Beklagte durfte nunmehr die verpfändeten Gegenstände überhaupt nicht mehr verkaufen. Nur zu seiner Befriedigung darf der Pfandgläubiger den Verkauf vornehmen (§ 1228 Abs. 1). Eine verpfändete körperliche Sache muß er nach dem Erlöschen des Pfandrechts dem Verpfänder zurückgeben (§ 1223 Abs. 1). Diese nach § 1273 Abs. 2 auf das Pfandrecht an Rechten entsprechend anwendbaren Vorschriften nötigten die Beklagte, die über die Anteile ausgefertigten Scheine zurückzugeben und jeden Eingriff in die Rechte der Anteilseigner zu unterlassen. Der gleichwohl am 16. August 1919 in Form einer öffentlichen Versteigerung vorgenommene Pfandverkauf entbehrte der rechtlichen Unterlage und damit auch der rechtlichen Wirkung, wie sie sonst im § 1242 anerkannt wird. Das Oberlandesgericht will diese Folge aus § 1243 Abs. 1 ableiten. Das ist nicht angängig. Jene Vorschrift setzt voraus, daß ein Pfand verkauft wird, bei dem Verkauf aber wesentliche Verfahrensvorschriften übertreten werden. Die Beklagte hat aber am 16. August kein Pfand verkaufen lassen, weil keins mehr vorhanden war, das hätte verkauft werden können. § 1244 unterscheidet denn auch die beiden Fälle, daß eine Sache als Pfand veräußert wird ohne daß dem Veräußerer ein Pfandrecht zusteht, und daß eine noch als Pfand verhaftete Sache veräußert wird ohne daß den — in § 1243 Abs. 1 aufgeführten — Erfordernissen genügt wird, von denen die Rechtmäßigkeit der Veräußerung abhängt. In beiden Fällen ist die Veräußerung ungültig, vorbehaltlich jedoch der schon oben erwähnten Wirkungen des guten Glaubens.

Diesen guten Glauben nimmt die Beklagte für sich in Anspruch. Da der Pfandverkauf unwirksam ist, weil es an einem Pfandrechte fehlte, so muß sich der gute Glaube auf das Bestehen des Pfandrechts bezogen haben. Das Oberlandesgericht hat der Beklagten den guten Glauben abgesprochen, weil sie wußte, daß sie zur Zeit der Versteigerung keine Forderung an den Kläger mehr hatte, und weil ihr deshalb auch bekannt oder höchstens infolge grober Fahrlässigkeit unbekannt war, daß sie auch kein Pfandrecht mehr hatte. Dagegen wendet sich die Revision in längeren, nicht ganz klaren Ausführungen. Sie will anscheinend sagen, daß die Beklagte wegen der ursprünglichen Verpfändungsbedingungen der Koburgisch-Gothaischen Bank den freihändigen Verkauf an S. für rechtmäßig gehalten und nun auf Grund des Rückerwerbs der Anteile von S. geglaubt habe, „ein Recht" zur Veräußerung der Anteile zu haben. Das Berufungsgericht hat das Gegenteil festgestellt. Soweit die Revision die Tatsachen anders gewürdigt haben will, sind ihre Ausführungen unbeachtlich. Die Rüge, daß die Bedingungen der Bank nicht berücksichtigt seien, ist unbegründet. Sie sind in dem Urteile des Oberlandesgerichts ausführlich besprochen, wenn auch nicht gerade an der Stelle, um die es sich hier handelt. Aber abgesehen davon, das ganze Vorbringen der Revision ist nicht schlüssig. Dasjenige Recht zum Verkauf, an das die Beklagte nach ihrer Darstellung geglaubt hätte, wäre die dem Eigentum an körperlichen Sachen entsprechende Inhaberschaft der Anteile gewesen. Durch diesen Glauben könnte niemals der Glaube an das Bestehen eines Pfandrechts bewiesen werden, und darauf allein kommt es an.

Zur rechtlichen Begründung seines Schadensersatzanspruchs hat der Kläger keine besonderen Ausführungen gemacht. Das Landgericht hat auf § 1243 BGB., das Oberlandesgericht auf § 823 Abs. 1 das. hingewiesen. Der Rechtsauffassung des Landgerichts ist das Oberlandesgericht mit Recht entgegengetreten. Die Vorschrift des § 1243 Abs. 2 — nur auf diese kann sich das Landgericht bezogen haben — betrifft Fälle, in denen der Pfandverkauf an sich rechtmäßig ist und nur gewisse andere Vorschriften über den Pfandverkauf verletzt sind, von denen aber die Rechtmäßigkeit des Pfandverkaufs nicht abhängt. Darum handelt es sich hier nicht. Der vorgenommene Pfandverkauf ist kein solcher und wirkt nicht als solcher, weil zur Zeit des Verkaufs das Pfandrecht nicht mehr bestand. Die eigenen Darlegungen des Oberlandesgerichts halten sich von einem Rechtsirrtum frei und sind namentlich auch darin nicht zu beanstanden, daß der Geschäftsanteil an einer Gesellschaft m. b. H. als ein „sonstiges Recht" im Sinne des § 823 Abs. 1 BGB. erachtet ist (vgl. auch RGZ. Bd. 57 S. 414).

Näher hätte es vielleicht gelegen, den Schadensersatzanspruch als einen Vertragsanspruch anzusehen. Der Kläger stützt ihn darauf, daß die Beklagte gegen vereinbarte Regeln über den Pfandverkauf verstoßen habe; sie habe die in Abweichung von § 1277 BGB. vertragsmäßig zugelassene öffentliche Versteigerung der Pfänder vorgenommen, ohne daß ihre Voraussetzungen noch bestanden hätten. Der weiteren Forderung des Klägers, die Beklagte solle ihm auch den Schaden ersetzen, den sie ihm durch die Ausübung der Gesellschafterrechte seit der Versteigerung zugefügt habe, kommt selbständige Bedeutung nicht zu. Es ist lediglich eine Folge der vorgenommenen Versteigerung, daß ein Dritter in die Lage kam, die Gesellschafterrechte auszuüben. Auch für die hieraus sich ergebenden Schäden muß die Beklagte einstehen, wenn sie überhaupt für die Folgen der Versteigerung haftet. Daß sie selbst es gewesen ist, die in der Versteigerung die Geschäftsanteile erworben und später die Gesellschafterrechte ausgeübt hat, ist dabei nur ein Zufall.

Durch die vorstehenden Bemerkungen erledigen sich bereits im wesentlichen die von der Revision zu dem Schadensersatzanspruch erhobenen Bedenken. Namentlich gilt das von den Ausführungen, daß das Gesellschafterrecht des Klägers als solches durch die Versteigerung der Geschäftsanteile nicht verletzt sein könne, daß eine vielleicht tatsächliche Verhinderung des Klägers, sein Stimmrecht auszuüben, sein Gesellschafterrecht doch unberührt gelassen habe und, wenn die Beklagte nicht berechtigt gewesen sei, abzustimmen, dies nur die Folge haben könne, daß die gefaßten Beschlüsse anfechtbar seien. Alles das kommt nicht in Frage, denn die gesamte Schadensersatzforderung des Klägers wird bereits getragen von der Feststellung, daß die Beklagte die verpfändeten Geschäftsanteile unter Verletzung des § 823 Abs. 1 BGB. oder auch des besonderen Pfandvertrags versteigert hat. . . .

---

84. 1. Von welchem Zeitpunkt an kann im Falle der Testamentsvollstreckung eine Nachlaßforderung mit der Folge geltend gemacht werden, daß die sechsmonatige Verjährungsfrist des § 207 BGB. zu laufen beginnt?

2. Welche Wirkung hat der Widerruf der Leistung eines zugeschobenen Eides, wenn der Gegner die unter den Eid gestellte Behauptung demnächst zurücknimmt?

V. Zivilsenat. Urt. v. 27. November 1920 i. S. J. (Kl.) w. K. u. Gen. (Bekl.). V 179/20.

I. Landgericht II Berlin. — II. Kammergericht daselbst.

Der Beklagte zu 5, Dr. K., ist Indossant der beiden Klagewechsel, von denen der eine, über 20000 *M* lautend und am 1. September 1917 ausgestellt, am 10. November 1917 fällig war, während der andere, über 50000 *M* lautend, am 2. Oktober 1917 ausgestellt und am 1. Januar 1918 fällig war. Der erste Wechsel ist am 13. November 1917, der zweite am 3. Januar 1918 protestiert worden. Der letzte Inhaber der Wechsel war der Großschlächtermeister H. in Berlin, der am 23. Februar 1918 verstorben ist. Seinen Nachlaß verwaltet der Kläger als Testamentsvollstrecker. Dieser hat die Wechselsumme nebst Zinsen und Kosten gegen den Aussteller, die Akzeptantin und die Indossanten der Wechsel eingeklagt. Das Landgericht hat den Beklagten zu 5 zur Zahlung von 70000 *M* nebst Zinsen und Kosten verurteilt, das Kammergericht hat die Klage gegen ihn als im Wechselprozeß unstatthaft abgewiesen. Die Revision des Klägers ist zurückgewiesen worden aus folgenden

Gründen:

. . . In erster Instanz hatte der Beklagte zu 5 nur den Einwand erhoben, daß der Erblasser H. bei Hingabe der Wechsel mit ihm vereinbart habe, vor Ende des Jahres 1918 dürfe aus den Wechseln unter keinen Umständen eine Forderung erhoben werden, die Wechselforderungen würden solange gestundet. Den ihm hierüber zugeschobenen Eid hat der Kläger am 6. November 1918 in der Überzeugungsform geleistet, worauf die Verurteilung des Beklagten zu 5 erfolgte. In der Berufungsinstanz erhob dieser dagegen den Einwand der Verjährung, indem er jetzt geltend machte, durch die Eidesleistung des Klägers stehe fest, daß die Wechselforderungen nicht bis Ende des Jahres 1918 gestundet seien; der erste Wechsel sei daher am 13. Februar 1918, der zweite am 5. Juli 1918 — drei Monate nach Annahme des Testamentvollstreckeramtes durch den Kläger — verjährt gewesen. Der Kläger wandte demgegenüber ein, daß der Ablauf der Verjährung gemäß § 207 BGB. gehemmt gewesen sei. H. sei am 23. Februar 1918 verstorben; die Annahme des Amtes als Testamentsvollstrecker habe er, Kläger, dem Nachlaßgericht erst am 3. Juni 1918 erklärt. Der Kläger widerrief ferner die Eidesleistung vom 6. November 1918 über die Stundung der Wechselforderungen durch H. gegenüber dem Beklagten zu 5, weil dieser am 19. Dezember 1918 dem Justizrat Ho. erzählt habe, er habe im September oder Oktober 1917 dem Erblasser H. gegenüber die Wechselforderungen anerkannt und damit auf seine Bitte von H. Stundung erhalten. Dies habe er, Kläger, vom Justizrat Ho. nachträglich erfahren. Der Berufungsrichter führt demgegenüber aber aus, daß der Kläger ausweislich der Nachlaßakten schon in der Verhandlung vom 5. April 1918 bei der Testamentseröffnung dem Nachlaßgerichte die Annahme des Amtes als Testamentsvollstrecker erklärt habe. Damit habe sein Amt begonnen und er sei rechtlich in der Lage gewesen, die Forderungen einzuklagen. Die spätere nochmalige Erklärung der Annahme des Amtes sei daher nicht maßgebend. Ob dem Kläger das Zeugnis über seine Ernennung als Testamentsvollstrecker erst im Juni 1918 erteilt sei, erscheine belanglos, da der Kläger jedenfalls imstande gewesen sei, innerhalb sechs Wochen vom 5. April 1918 ab gerechnet, sich dies Zeugnis zu besorgen. Er wäre deshalb auch tatsächlich spätestens am 18. Mai 1918 in der Lage gewesen, im Wechselprozesse zu klagen, so daß die Forderungen bei der Klagerhebung am 19. August 1918 auch bei Berücksichtigung dieses Umstandes verjährt gewesen seien. Die jetzige Behauptung des Klägers, daß H. bei Hingabe der Wechsel dem Beklagten Dr. K. bis Ende 1918 Stundung gewährt habe, sei bereits durch die Eidesleistung des Klägers in erster Instanz widerlegt. Der Widerruf der Eidesleistung durch den Kläger habe nicht die Folge, daß die Eidesleistung nunmehr als verweigert anzusehen sei. Der Kläger habe damit nur auf die Geltendmachung der formellen Beweiskraft der Eidesleistung zu seinen Gunsten verzichtet. Die Wirkungen der Eidesleistung zugunsten des Beklagten zu 5 blieben dagegen bestehen; die Behauptung der Stundung bis Ende 1918 sei also widerlegt. Wenn der Beklagte Dr. K. in erster Instanz auch selbst die Stundung bis Ende 1918 behauptet habe, so liege hierin doch kein Geständnis, das ihn binde; denn der Kläger habe diese Tatsache, bevor Dr. K. sie behauptete, seinerseits nicht behauptet, vielmehr in erster Instanz stets bestritten. Da die übrigen Behauptungen des Klägers über anderweitige Stundung nicht mit Beweismitteln unterstützt seien, die im Wechselprozeß zulässig seien, so müsse die Klage als in der gewählten Prozeßart unstatthaft abgewiesen werden.

Die Revision rügt Verletzung des § 207 BGB. und des § 464 Abs. 2 ZPO. Sie wendet sich zunächst gegen die Annahme des Berufungsrichters, daß die Verjährung des Anspruchs aus dem zweiten Wechsel über 50000 *M* schon am 5. April 1918 wieder zu laufen begonnen habe. Die dreimonatige Verjährungsfrist könne erst von dem Tage an gerechnet werden, an welchem der Kläger das Testamentsvollstreckerzeugnis oder einen anderen urkundlichen Ausweis über sein Amt erhalten habe, zumal da es sich um einen Wechselprozeß handele, in welchem die Urkunden der Klage hätten beigefügt werden müssen. Nicht die rechtliche, sondern die tatsächliche Klagemöglichkeit sei für den Lauf der Verjährung entscheidend. Dieser Revisionsangriff konnte keinen Erfolg haben.

Nach § 207 BGB. wird die Verjährung eines Anspruchs, der zu einem Nachlasse gehört oder sich gegen einen Nachlaß richtet, nicht vor Ablauf von sechs Monaten nach dem Zeitpunkte vollendet, in welchem die Erbschaft von den Erben angenommen oder der Konkurs über den Nachlaß eröffnet wird oder von welchem an der Anspruch von einem Vertreter oder gegen einen Vertreter geltend gemacht werden kann. Ist die Verjährungszeit kürzer als sechs Monate, so tritt der für die Verjährung bestimmte Zeitraum an die Stelle der sechs Monate. Da es sich hier um einen Regreßanspruch des Inhabers gegen den Vormann handelt, greift gemäß Art. 78 Nr. 1 WO. die Verjährung von drei Monaten Platz, deren Lauf hier mit dem Tage des erhobenen Protestes begann. Als Vertreter des Nachlasses im Sinne des § 207 kommt neben dem Nachlaßpfleger oder Abwesenheitspfleger auch ein Testamentsvollstrecker in Betracht, da nach § 2212 BGB. nur dieser ein seiner Verwaltung unterliegendes Recht gerichtlich geltend machen kann (vgl. Motive Bd. 1 S. 324). Da das Amt eines Testamentsvollstreckers nach § 2202 Abs. 1 BGB. mit dem Zeitpunkte beginnt, in welchem der Ernannte das Amt annimmt, und die Annahme des Amtes durch Erklärung gegenüber dem Nachlaßgericht erfolgt (§ 2202 Abs. 2), so kann die sechs- oder dreimonatige Frist nur von diesem Zeitpunkt an gerechnet werden. In § 167 des Entwurfs des BGB. war der

Beginn der Frist von sechs Monaten in den Zeitpunkt verlegt, in welchem ein Vertreter, gegen welchen oder von welchem der Anspruch geltend gemacht werden konnte, bestellt war. Auch hier war also schon auf die Bestellung des Vertreters und die Möglichkeit der Geltendmachung des Anspruchs Gewicht gelegt. Sachlich ist an dem Inhalte dieser Vorschrift durch die etwas abweichende Fassung des § 207 BGB. nichts geändert (Protokolle Bd. 2 S. 221). Die Verjährung soll nicht laufen, solange der Nachlaß nicht vertreten ist. Mit der Erklärung der Annahme des Testamentsvollstreckeramtes gegenüber dem Nachlaßgericht ist aber die Möglichkeit geschaffen, mit Ansprüchen für oder gegen den Nachlaß vorzugehen. Abzulehnen ist die Auffassung der Revision, daß es daneben auch noch auf die tatsächliche Möglichkeit, den Anspruch geltend zu machen, ankomme, daß hier daher die Frist von drei Monaten erst von dem Zeitpunkt an gerechnet werden dürfe, in welchem der Kläger das Testamentsvollstreckerzeugnis oder einen anderen urkundlichen Ausweis über seine Ernennung erhalten habe. Des in § 2368 BGB. vorgesehenen Zeugnisses über seine Ernennung bedarf der Testamentsvollstrecker überhaupt nicht; er kann den Beweis für seine Ernennung und die Annahme des Amtes auch auf jede andere Art, z. B. durch Vorlegung des Testaments und einer Ausfertigung der Annahmeerklärung führen (JW. 1910 S. 802 Nr. 9). Dies gilt auch im Prozeß, insbesondere auch im Wechselprozeß. Zur Besorgung derartiger Urkunden genügt die sechs- oder dreimonatige Frist. Geradeso gut wie der Testamentsvollstrecker sich den Wechsel und den Protest zur Klage im Wechselprozeß rechtzeitig verschaffen muß, vermag er sich auch die zu seiner Legitimation dienenden Urkunden zu verschaffen. Diese Urkunden müssen übrigens nach § 593 Abs. 2 ZPO. nicht notwendig der Klage beigefügt werden, sondern können auch mit einem vorbereitenden Schriftsatze nachgebracht werden. Die Erhebung der Klage, welche die Verjährung unterbricht (§ 209 BGB.), ist also auch ohne Beifügung der Legitimationsurkunde möglich. Es kann auch, wie der Berufungsrichter mit Recht angenommen hat, nur auf die rechtliche Möglichkeit der Geltendmachung des Anspruchs nach § 207 BGB. ankommen. Andernfalls bestände für den Vertreter die Möglichkeit, dadurch, daß er sich nicht in die tatsächliche Bereitschaft zur Geltendmachung des Anspruchs versetzt, den Ablauf der Verjährung nach Willkür zu verzögern.

Weiter führt die Revision aus, infolge des Widerrufs der Eidesleistung, der vom Kläger ohne jede Einschränkung erklärt sei, müsse der Eid als verweigert gelten, und diese Rechtsfolge lasse sich nicht spalten; sie wirke notwendig nicht nur gegen, sondern auch für den Kläger. Auch diese Revisionsrüge kann nicht als berechtigt anerkannt werden. Die ZPO. kennt den Widerruf eines bereits abgeleisteten

Eides überhaupt nicht. Nur das StGB. läßt in §§ 158, 163 den Widerruf einer falschen Aussage zu und sichert dem Schwörenden unter gewissen Voraussetzungen für den Fall des Widerrufs Straflosigkeit oder Strafermäßigung zu. Gleichwohl ist, wie das Reichsgericht in der vom Berufungsrichter angeführten Entscheidung RGZ. Bd. 69 S. 314 angenommen hat, der Widerruf einer Eidesleistung auch im Zivilprozeß nicht außer Betracht zu lassen; es ist ihm vielmehr die Bedeutung beizulegen, daß der Widerrufende auf die ihm günstigen Rechtsfolgen seiner eidlichen Erklärung verzichtet. Der Widerrufende gibt damit zugleich seinen Willen kund, daß die gesetzlichen Rechtswirkungen der Eidesleistung zu seinen Gunsten nicht eintreten sollen. Er gibt durch den Widerruf mit Rechtsnotwendigkeit zu erkennen, daß er es rechtlich so angesehen wissen wolle, als ob er in dem früheren Termin zur Eidesleistung den Eid nicht geleistet, sondern verweigert hätte. Allein diesen Verzicht auf die Folgen der Eidesleistung kann er wirksam nur zu seinen Ungunsten erklären. In der Regel wird die Erklärung allerdings auch im Interesse des Prozeßgegners liegen; denn läßt der Widerrufende die Behauptung des Gegners, die durch seine Eidesleistung widerlegt war, jetzt gegen sich gelten, so werden die dem Gegner nachteiligen Folgen der Eidesleistung zu dessen Gunsten wieder beseitigt. Dies trifft aber keineswegs immer zu, wie der vorliegende Fall zeigt. Hier hatte die Leistung des Eides, durch die erwiesen wurde, daß eine Stundung der Wechselforderungen bis Ende 1918 nicht erfolgt war, die Verurteilung des Beklagten zu 5 durch das Landgericht zur Folge. In der Berufungsinstanz jedoch, in der sich der Beklagte Dr. K. auf Verjährung berief, nachdem inzwischen das Jahr 1918 abgelaufen war, hielt er die Behauptung der Stundung, die der Verjährung entgegengestanden hätte, nicht mehr aufrecht, sondern stellte sich auf den Boden der Eidesleistung, wonach eine Stundung der Wechselforderungen bis Ende des Jahres 1918 nicht erfolgt war. Der Kläger hingegen griff jetzt, um dem Einwande der Verjährung zu begegnen, den vom Beklagten in erster Instanz erhobenen Einwand der Stundung auf; er hatte jetzt ein Interesse daran, die Folgen seiner Eidesleistung zu beseitigen. Der Widerruf seiner Eidesleistung würde hier also, wenn er der Eidesverweigerung schlechthin gleich zu achten wäre, zugunsten des Klägers und zuungunsten des Beklagten wirken, insofern als dem letzteren der Einwand der Verjährung damit abgeschnitten sein würde. Diese Folgen kann der Kläger aber durch den Widerruf nicht erreichen. Nachdem der Beklagte inzwischen in der Berufungsinstanz, gestützt auf die Eidesleistung des Klägers, den Standpunkt eingenommen hatte, daß keine Stundung erfolgt sei, konnte ihm der Kläger die ihm günstige Folge der Eidesleistung durch den Widerruf nicht mehr entziehen. Vielmehr konnte der Beklagte seinerseits sich auf diese Eidesleistung trotz des Widerrufs berufen. Der Widerruf, der hier strafrechtlich ohne jede Bedeutung war, weil der Beklagte schon verurteilt, also ein Rechtsnachteil für ihn aus der falschen Eidesleistung bereits entstanden war, der aber anderseits für den Kläger mit Rücksicht auf seine Begründung keine Gefahr bot, bedeutete im Zivilprozeß nur, daß der Kläger die Behauptung der Stundung unter Verzicht auf die Eidesfolge jetzt als richtig zugestand. Ein solches Zugeständnis konnte er aber wirksam nicht mehr abgeben, nachdem der Beklagte die Behauptung inzwischen hatte fallen lassen und seinerseits jede Stundung geleugnet hatte. Der Beklagte kann auch nicht lediglich deshalb, weil er in erster Instanz Stundung bis Ende 1918 eingewendet hatte, an seiner eigenen Behauptung unbedingt festgehalten werden; denn der Kläger hatte diese Behauptung in dem Verfahren vor dem Landgerichte bestritten und sogar eidlich abgeleugnet. Wenn der Beklagte in der Berufungsinstanz in Anbetracht dieser Eidesleistung die Behauptung der Stundung zurücknahm, so brauchte der Berufungsrichter die frühere Behauptung nicht gegen ihn zu verwerten, sofern man dies trotz der Eidesleistung infolge deren Widerrufs überhaupt für zulässig erachten wollte (vgl. RGZ. Bd. 86 S. 143 und S. 331; Warneyer 1911 Nr. 286, 1914 Nr. 234; Stein ZPO. § 288 II 1b; Sydow-Busch-Krantz ZPO. § 288 Anm. 4).

---

85. 1. Ist der beurkundende Notar amtlich verpflichtet, die Beteiligten über die wirtschaftlichen Gefahren des beabsichtigten Vertrags zu belehren?
2. Hat er ihnen auf Verlangen seinen Vertragsentwurf auszuhändigen?
3. Haftet, wenn ein Notarvertreter bei der Beurkundung eines Vertrags den einen Vertragsteil vorsätzlich schädigt, der vertretene Notar aus Art. 101 preuß. FGG.?

III. Zivilsenat. Urt. v. 3. Dezember 1920 i. S. M. (Kl.) w. G. u. K. (Bekl.). III 187/20.

I. Landgericht I Berlin. — II. Kammergericht daselbst.

Der Beklagte K. beurkundete als Notarvertreter des Beklagten G. am 3. Oktober 1913 einen Kaufvertrag, durch den ein Kaufmann F. das von ihm angekaufte, aber ihm von seinem Verkäufer Sch. noch nicht aufgelassene Gut Gr. D. an den Kläger verkaufte, diesem die Ansprüche gegen Sch. auf Herausgabe und Auflassung der Grundstücke nebst den Ansprüchen aus den in seinem Rechtsstreite wider Sch.

ergangenen und ergehenden Urteilen abtrat und die Umschreibung der zu seinen Gunsten eingetragenen Auflassungsvormerkung bewilligte und beantragte. In dem Vertrage war u. a. bestimmt, daß, wenn die Verurteilung des Sch. Zug um Zug gegen Zahlung einer bestimmten Summe erfolgen sollte, F. diese Summe zu zahlen habe. Der Kläger leistete alsbald die in dem Vertrage vereinbarte Anzahlung von 60000 *M*. In dem Rechtsstreite F. wider Sch. war zur Zeit des Vertragsschlusses ein Berufungsurteil, das den Sch. zur Auflassung gegen Zahlung von 60000 *M* verurteilte, am 21. September 1912 aufgehoben und die Sache an das Berufungsgericht zurückverwiesen, weil dieses zu Unrecht ein Zurückbehaltungsrecht des Sch. wegen Aufwendungen auf das Gut in Höhe von 65578,14 *M* verneint habe. Später, am 20. November 1913, verurteilte das Berufungsgericht den Sch. zur Auflassung gegen Zahlung von 60000 *M*, gegen Übergabe einer Quittung über 34000 *M* oder gegen Zahlung dieser Summe und gegen Nachweis einer Sicherheitsleistung gemäß § 273 Abs. 3 BGB. in Höhe von 98528,94 *M*. Die Revision gegen dieses Urteil wurde von dem Reichsgerichte zurückgewiesen.

Nachdem F. mit der Übergabe des Gutes in Verzug geraten war, erwirkte der Kläger dessen Verurteilung zur Rückzahlung der 60000 *M*. Die Vollstreckung dieses Urteils war nicht ausführbar; F. leistete am 23. Juli 1915 den Offenbarungseid.

Der Kläger beansprucht jetzt von dem Beklagten Erstattung der 60000 *M* nebst Zinsen mit der Begründung, der Beklagte K., für dessen Handlungen auch der Beklagte G. hafte, habe ihm gegenüber seine Amts- und Vertragspflichten schuldhaft verletzt und ihn in einer gegen die guten Sitten verstoßenden Weise vorsätzlich geschädigt.

Das Landgericht hat die Klage abgewiesen. Das Kammergericht hat dagegen nur die Klage gegen G. unbedingt, die gegen K. nur für den Fall abgewiesen, daß dieser den ihm auferlegten richterlichen Eid leisten sollte, er habe bei der Beurkundung vom 3. Oktober 1913 keine Kenntnis davon gehabt, daß über die Grundstücke des F. die Zwangsversteigerung bereits eingeleitet worden sei, und auch von F. keine besondere Vergütung für den Abschluß des Kaufvertrags vom 3. Oktober 1913 erhalten; im Falle der Nichtleistung dieses Eides soll der Beklagte K. zur Zahlung von 60000 *M* nebst Zinsen verurteilt werden. Die Revision des Klägers hatte nur gegenüber dem Beklagten G. Erfolg.

Gründe:

Eine Amtspflichtverletzung des Beklagten K. soll nach dem Vorbringen des Klägers zunächst darin liegen, daß er ihn nicht auf die Gefahr und das Ungewöhnliche der Abrede einer sofortigen Anzahlung von 60000 *M* hingewiesen, ihn insbesondere nicht darüber belehrt habe, daß die Verwirklichung der Ansprüche des F. gegen seinen Verkäufer Sch. von einer Sicherheitsleistung des ersteren abhängig sei, und ihm nicht die Hinterlegung der 60000 ℳ oder sonstige Sicherstellung angeraten habe. Demgegenüber führt das Berufungsgericht aus, es gehöre nicht zu den Amtspflichten des einen Vertrag beurkundenden Notars, die Vertragsteile darüber zu belehren oder zu beraten, welche wirtschaftlichen Gefahren sie durch den Abschluß des beabsichtigten Vertrags möglicherweise laufen könnten. Ob dem so allgemein beizupflichten ist, bedarf in dem vorliegenden Falle keiner Erörterung. Denn nach den Feststellungen des Berufungsrichters bestanden für den Beklagten K. keine Zweifel, daß der Kläger den beurkundeten Vertrag wirklich wolle und sich über dessen Rechtsfolgen klar sei, daß ihm auch die wirtschaftliche Gefahr bekannt sei, die mit der im Vertrage vorgesehenen sofortigen Anzahlung von 60000 ℳ ohne Empfang eines Gegenwerts und ohne Sicherheitsleistung verbunden war. Die Kenntnis des Klägers davon, daß F. nach den bis zum 3. Oktober 1913 in seinem Rechtsstreite gegen Sch. ergangenen Urteilen die Auflassung nur gegen Leistung einer Sicherheit erlangen konnte, stellt der Berufungsrichter ebenfalls fest. Bei dieser Sachlage bestand keine Belehrungspflicht des Notars.

Die Angriffe der Revision gegen diese tatsächlichen Feststellungen sind nicht begründet. (Wird näher ausgeführt)....

Eine weitere Amtspflichtverletzung des Beklagten K. findet der Kläger in dessen Weigerung, seinem Verlangen auf Aushändigung des Vertragsentwurfs zwecks ruhiger Überlegung und Nachprüfung zu entsprechen. Auch dieser Vorwurf wird von dem Berufungsgerichte mit Recht zurückgewiesen. Eine Amtspflicht des Notars, seine Urkundsentwürfe den Beteiligten auf Verlangen auszuhändigen, besteht nicht; sie kann insbesondere auch nicht, wie die Revision meint, aus der Vorschrift des § 177 Abs. 1 Satz 3 FGG. hergeleitet werden, nach der das über die Beurkundungsverhandlung aufgenommene Protokoll den Beteiligten auf Verlangen auch zur Durchsicht vorgelegt werden soll.

Der Kläger hat schließlich behauptet, der Beklagte K. habe am 3. Oktober 1913 von der Einleitung der Zwangsversteigerung der Grundstücke des F. Kenntnis gehabt und von dem letzteren eine besondere Vergütung für den Abschluß des Vertrags erhalten. Der Berufungsrichter hat hierüber einen richterlichen Eid für den Beklagten K. bestimmt. Er führt aus, wenn diese Behauptungen richtig seien, habe der Beklagte K. um seines persönlichen Vorteils willen im Interesse des F. dessen ihm bekannten Vermögensverfall dem Kläger verschwiegen, obwohl er nicht darüber hätte im Zweifel sein können, daß der Kläger aller Voraussicht nach durch die sofortige Zahlung der 60000 ℳ geschädigt werden würde und diese nur bei absoluter Kreditwürdigkeit des F. hätte bewilligen wollen und können. Das Berufungsgericht erklärt deshalb den Beklagten K., wenn er den auferlegten Eid nicht leisten sollte, aus § 826 BGB. für haftbar. Dem kann insofern nicht beigepflichtet werden, als hier der § 826 für anwendbar erachtet wird, während nur der § 839 Anwendung zu finden hat. Das Berufungsgericht verweist selbst bei der Begründung seiner Ansicht, daß eine einseitige Begünstigung des einen Vertragsteils zum bewußten Nachteile des anderen zwecks Erlangung eigener persönlicher Vorteile seitens des beurkundenden Notars gegen die guten Sitten verstoße, darauf, daß der Notar den Vertragschließenden gegenüber eine Art Richterstellung einnehme. Würde sich aber ein Richter bei einer Beurkundung einer derartigen Handlung schuldig machen, so würde wohl auch das Berufungsgericht nicht bezweifeln, daß der Richter in Ausübung der ihm anvertrauten öffentlichen Gewalt vorsätzlich eine ihm einem Dritten gegenüber obliegende Amtspflicht verletzt habe und daß die Vorschriften des § 839 und des preuß. Staatshaftungsges. vom 1. August 1909 anwendbar seien. Neben diesen Vorschriften ist aber für die Anwendung des § 826, die den Beamten der Wohltaten des § 839 in Verbindung mit dem Gesetze vom 1. August 1909 berauben würde, kein Raum. Entsprechend hat auch bei einer solchen Amtspflichtverletzung des Notars oder Notarvertreters nur der § 839, nicht der § 826 Anwendung zu finden, wenn auch das Gesetz vom 1. August 1909 bei ihm nicht in Betracht kommt. Die Haftung wegen einer unerlaubten Handlung, die eine von § 839 betroffene Amtspflichtverletzung enthält, bestimmt sich überhaupt nur nach § 839, nicht nach §§ 823 flg., wie der erkennende Senat bereits mehrfach ausgesprochen hat (vgl. RGZ. Bd. 87 S. 348, Bd. 94 S. 103; LZ. 1918 Sp. 993 und die Urteile vom 1. Dezember 1916 III 370/16, vom 29. April 1919 III 319/18 und vom 19. Oktober 1920 III 160/20; anders der VI. ZS. im Urteil vom 21. September 1908 VI 538/07, JW. 1908 S. 653, aber nur in einer beiläufigen Bemerkung, auf der die Entscheidung nicht beruht). Diese abweichende rechtliche Beurteilung ist aber für das Ergebnis, soweit es sich um die Haftung des Beklagten K. handelt, ohne Bedeutung.

Die Revisionsangriffe, die sich gegen die Annahme des Berufungsgerichts richten, daß die damalige Kenntnis des Beklagten K. von der Zahlungsunfähigkeit des F. nicht bewiesen sei, und eine unbedingte Verurteilung erstreben, gehen fehl. (Wird näher ausgeführt.) ...

Demnach sind alle Angriffe der Revision, die die Klage gegen den Beklagten K. betreffen, unbegründet. Dagegen ist ihr der Erfolg nicht zu versagen, soweit sie die unbedingte Abweisung der Klage gegen den Beklagten G. angreift. Das Berufungsgericht hält die Vorschrift des Art. 101 preuß. FGG.: „der Vertreter versieht das Amt des Vertretenen unter dessen und seiner eigenen Verantwortlichkeit und auf dessen Kosten" auf den vorliegenden Fall für nicht anwendbar, weil die dem Notarvertreter K. zur Last gelegte unerlaubte Handlung mit seiner Notartätigkeit als solcher nichts zu tun habe, während Art. 101 eine Tätigkeit des Vertreters fordere, die im Rahmen des ihm übertragenen Geschäftsbereichs liege. Der Beklagte K. hat aber, wenn die unter seinen Eid verstellten Behauptungen des Klägers richtig sein sollten, durchaus als Notarvertreter, in dieser seiner amtlichen Eigenschaft, gehandelt und sich, wie erwähnt, einer Amtspflichtverletzung schuldig gemacht. Für solche vorsätzliche Schadenszufügungen des Notarvertreters bei seiner amtlichen Tätigkeit muß der vertretene Notar nicht minder einstehen, als für Versehen bei dieser Tätigkeit; er muß sich einen zuverlässigen Vertreter aussuchen. Wird also durch die Nichtleistung des dem Beklagten K. auferlegten richterlichen Eides die Richtigkeit der betreffenden Behauptungen des Klägers festgestellt, so sind beide Beklagte als Gesamtschuldner zur Zahlung der 60000 ℳ nebst Zinsen zu verurteilen.

Register.

Die Zahlen bedeuten die Seiten.

A. Sachregister.

A

Anerkennung des Anspruchs im Prozeß als Annahme eines Vertragsangebots des Klägers? 147

Anfechtung einer Erklärung wegen arglistiger Täuschung über bestimmte Tatsachen; liegt darin auch eine A. wegen Unwahrhaftigkeit des Geschäftsgegners? 205

Anfechtung von Rechtshandlungen im Konkurse nach § 30 KO., wenn die Handlungen während einer Geschäftsaufsicht erfolgt sind 62

— außerhalb des Konkurses; Recht des Hypothekengläubigers bei Entfernung von Zubehör 87

— — Einwendungen der Rechtshängigkeit oder des Verzichts, wenn er einer Anfechtungsklage des Konkursverwalters beigetreten ist? 87

— — Einwendung der Vorteilsausgleichung, wenn er das Grundstück vorteilhaft erstanden hat? 87

Annahmeverzug des Werkbestellers nach § 642 BGB. . . . 46

Arbeiter- und Soldatenräte; Haftung des Reichs für Handlungen ihrer Mannschaften . . 25

Aufhebung der geistigen Gemeinschaft im Sinne des § 1569 BGB 108

Ausstattung; Verhältnis zum Geschmacksmuster 250

B

Bankazinn; Wirkung des Verbots der preuß. Kriegsministerialverordnung vom 1. April 1915 über Verkauf von B. . 246

Beamter; Anspruch aus § 839 BGB. wegen Amtspflichtverletzung eines andern B. . . . 188

— Haftung nach § 839 BGB.; maßgebender Zeitpunkt für die Frage, ob der Verletzte auf andere Weise Ersatz erlangen kann 128

— die Feststellung seiner Persönlichkeit keine Voraussetzung für die Haftung des Staates nach dem preuß. Ges. vom 1. August 1909 102

Befreiungsklausel; rechtzeitige Geltendmachung 258

— Rohstoffmangel als Betriebsstörung im Sinne einer B. 258

Bereicherungsanspruch; Anwendung des § 817 Satz 2 BGB. bei nachträglichem Verstoß gegen ein gesetzliches Verbot . . . 159

— Ausschluß nach § 817 Satz 2 wegen sittenwidriger Handlung des Vertreters 246

C

Clausula rebus sic stantibus; richterliche Erhöhung der Gegenleistung bei Fortbestand des Vertrags 129

— Befreiung von der Lieferung, wenn sie den geschäftlichen Ruin des Verkäufers zur Folge haben würde, insbesondere weil er auch dritten Personen zu liefern hat 134

D

Dissens, versteckter; zur Anwendung des § 155 BGB . . . 134

E

Eheanfechtung; kann die obsiegende Partei Berufung einlegen, um in erster Linie Scheidung zu beantragen? 208

Ehescheidung wegen Geisteskrankheit; inwiefern ist zu berücksichtigen, daß der Kläger die Krankheit verschuldet hat? . . 106

— zur Anwendung der §§ 616, 623 ZPO. 106

Eidesleistung; Versäumung des dazu bestimmten Termins 194

— wie wirkt ihr Widerruf, wenn der Gegner die unter Eid verstellte Behauptung zurücknimmt? 279

Eigentum an beweglichen Sachen; Erwerb durch verdeckten Stellvertreter 190

— kommt es beim Erwerbe vom Nichteigentümer auf das Wissen oder grobfahrlässige Nichtwissen darüber an, ob die Verkäuferin Ehefrau war und die ehemännliche Zustimmung hatte? . 190

Einziehung; Bedeutung ihrer gesetzlichen Androhung für die Frage der Nichtigkeit des Vertrags? 39

Eisenbahn; hat sie im internationalen Frachtverkehr Schadensersatz zu leisten, wenn durch ein fahrlässiges Handeln ihrer Leute die Beförderung verzögert, die Lieferfrist aber noch eingehalten wird? 50

— zur Haftung für grobe Fahrlässigkeit nach Art. 41 IntFrachtÜb. 50

— zu den Tarifbestimmungen über Beförderung in offenen Wagen und Verladung von Gütern durch die Arbeiter. 82

— auffallender Gewichtsabgang im Sinne des § 86 Abs. 1 Nr. 1 EVO. 82

— zur Haftung für Verladungsgefahr 82

— Schadensersatzpflicht bei Verlust des Frachtguts nicht beschränkt durch die PreistreibereiVO. vom 8. Mai 1918 103

— zum Begriff der Kostbarkeit im Sinne des § 467 HGB., §§ 96, 54 EVO., insbes., wenn Kostbarkeiten mit gewöhnlichen Gegenständen in einem Frachtstück vereinigt sind 110

— Hinterlegung unanbringlichen Frachtguts; Rechte des Verfügungsberechtigten gegen den Verwahrer 162

— eigenes Verschulden des Verfügungsberechtigten . . 162

Elterliche Gewalt; Klage des geschiedenen schuldigen Ehegatten gegen den andern auf Gestattung des persönlichen Verkehrs mit dem Kinde 178

Erledigung der Hauptsache . 123

F

Familienstiftung; Auslegung der Stiftungsurkunde nach dem Willen des Stifters 230

Feststellungsklage, negative; Fortfall des Interesses durch Erhebung der Vollstreckungsgegenklage seitens des Beklagten? 123

Firma; zur Verwechselungsgefahr bei Sachfirmen, die denselben Gegenstand benennen . . 45

— kann ihre Löschung nach § 12 WZG. verlangt werden? 266

Fiskus als Wechselremittent; muß die zur Vertretung berufene Behörde hinzugefügt werden? 167

G

Gebrauchsmuster; kann ein aus zwei umfangreichen und technisch schwierigen Maschinen zusammengesetztes Arbeitsgerät als G. geschützt werden? 35

— widerrechtliche Entnahme eines G. 35

Gerichtsvollzieher; werden von dem Vorbehalte des § 24 Abs. 1 Nr. 2 GVGebO. auch die Auslagen in Armensachen betroffen? . 127

Gesamtvertreter; müssen sie die Vorlegungsbescheinigung des § 16 Nr. 1 ScheckG. sämtlich unterschreiben? 138

Geschäftsaufsicht; unterliegen die von dem Schuldner während bestehender G. vorgenommenen Handlungen und die während der G. erfolgten Sonderzugriffe eines Gläubigers der Konkursanfechtung nach § 30 KO.? 62

Geschäftsführung, unechte; zum Begriff 142

Geschmacksmuster; Verhältnis zur Ausstattung 250

Gesellschaft; mit dem Eintritte der Liquidation erlischt das Recht des Gesellschafters, auf Zahlung an die G.kasse zu klagen . . 165

Gesellschaft m. b. H.; Haftung der Gründer wegen betrügerischer Überwertung von Sacheinlagen 175

— Verkauf sämtlicher Geschäftsanteile durch die Gesellschafter und Verkauf des Handelsgeschäfts der G. 200

Goldklausel; Verhältnis zu der Klausel, daß der deutsche Schuldner die Gefahr des Sinkens der deutschen Valuta zu tragen habe 79

Gothaische Kaufgewerkschaften; zur Rechtsgültigkeit 210

Gute Sitten; Verstoß dagegen durch Ankauf von beschlagnahmten Gegenständen des Kriegsbedarfs 246

. s. auch Nießbraucher.

H

Haftpflichtversicherung; zur Anrechnung einer übernommenen Rente auf den Höchstbetrag der H. 224

— haftet der Versicherer im Falle der Vorsorgeversicherung, wenn der gefährliche, der behördlichen Genehmigung bedürfende Betrieb ungenehmigt stattfand? . 29

Handlungsvollmacht; stillschweigende Erteilung . . . 48

Hauptintervention des Zedenten gegen Zessionar und Schuldner; keine notwendige Streitgenossenschaft 60

Hypothekenzinsrückstände; ist die Abtretung an den Nießbraucher wirksam, wenn dieser das Entgelt aus den Einkünften des Grundstücks bezahlt? . . 155

K

Katasterbeamter; die Amtspflicht, dem Grundbuchamte wahrheitsgemäße Mitteilungen zu machen und irrtümliche zu berichtigen, liegt ihm auch Dri''en gegenüber ob 102

Kauf eines Handelsgeschäfts; Zusicherung, daß die Geschäftsschulden einen gewissen Betrag nicht übersteigen 201

Kettenhandel mit Ausfuhrware 235

Kirchenbaulast des Zehntherrn und Patrons nach gemeinem katholischem Kirchenrecht; umfaßt sie den Bau von Wohnungen für Hilfskapläne? 271

Klagänderung, wenn der von einem Miterben ursprünglich auf Auseinandersetzung belangte Testamentsvollstrecker nach Kündigung seines Amtes auf Rechenschaftsablegung, Herausgabe des Nachlasses an die Erbengemeinschaft und Schadensersatz in Anspruch genommen wird? . . . 95

Konkurs; steht die Ausstellung eines Schweizer K.verlustscheins einer Klage des Gläubigers auf Zahlung seiner ausgefallenen Forderung bei einem inländischen Gericht entgegen? . . . 241

Kreischef im besetzten Polen als Vertreter des Reichsfiskus 116

L

Landrat, preußischer; haftet für seine Amtspflichtverletzungen der Kreis oder der preuß. Staat? 188

Leichenbestattung; Ort und Art, wenn der Verstorbene darüber letztwillig nicht verfügt hat 171

— kann die Stadtgemeinde als Friedhofseigentümerin jemand von der Ausübung des Gewerbes der L auf dem Friedhof ausschließen? 213

Luftfahrtschaden; setzt die Haftung für ihn ein Verschulden voraus? 69

M

Miete; Schadensersatzpflicht des Vermieters wegen verzögerter Mängelbeseitigung . . . 42

— mitwirkendes Verschulden des Mieters 42

N

Nahrungsmittelgesetz; ist ein gegen § 12 verstoßender Verkauf nichtig? 39

Name; Rechtsschutz, wenn er von einem Dritten als Warenbenennung gebraucht wird . . 182

Nießbraucher am Grundstück; verstößt er gegen die guten Sitten, wenn er sich die Hypothekenzinsrückstände, statt sie zu tilgen, abtreten läßt und das Entgelt aus den Einkünften des Grundstücks entnimmt? 155

Notar; ist er amtlich verpflichtet, die Beteiligten über die wirtschaftlichen Gefahren des beabsichtigten Vertrags zu belehren? 284

— hat er ihnen auf Verlangen seinen Vertragsentwurf auszuhändigen? 284

— Haftung für den N.vertreter nach Art. 101 preuß. FGG 284

O

Örtliches Recht; darf das Gericht unentschieden lassen, welches R. anzuwenden ist? . . . 79

— hat die Unterwerfung eines Schuldverhältnisses unter ausländisches Recht zugleich die Anwendbarkeit der ausländischen Konkursvorschriften zur Folge? 241

P

Pfandrecht; Unrechtmäßigkeit des Pfandverkaufs 274

— guter Glaube des Erwerbers 274

— Begründung der Schadensersatzpflicht des Pfandverkäufers 274

R

Rechnungslegung des Gesellschafters 150

Rechtskraft eines Urteils auf Leistung Zug um Zug . . 197

Rechtsweg gegenüber den Erklärungen des Aufsichtsrichters bei Geschäftsaufsicht zur Abwendung des Konkurses 1

— für Klagen der ZEG. auf Schadensersatz und Herausgabe des Gewinns 142

— für das aus § 1636 Satz 1 BGB. hergeleitete Recht des schuldigen Ehegatten zum persönlichen Verkehr mit dem Kinde 178

— für Ansprüche an eine Stadtgemeinde wegen polizeilich beschlagnahmter, an das städtische Lebensmittelamt abgeführter Lebensmittel 219

Revision gegen eine Entscheidung, die auf Umgehung nicht revisibler Gesetze gestützt ist . . . 210

— ist § 1 der Bekanntmachung der Provinzial-Fleischstelle für Ostpreußen v. 31. Oktober 1918 über den Verkehr mit Schlachtpferden revisibel? . . . 237

— sind die §§ 14, 15 des RG. vom 12. Mai 1920 vom Reichsgericht auch dann anzuwenden, wenn sie bei Erlaß des Berufungsurteils noch nicht in Geltung waren? 243

Revolution; staatsrechtliche Anerkennung der neuen Staatsgewalt 27

S

Schadensersatz; zur abstrakten Berechnung 112

s. auch Luftfahrtschaden, Tumultschaden, unerlaubte Handlung.

Scheck, an dem zur Zeit der Vorlegung der Verrechnungsvermerk fälchlich entfernt ist; haftet der Bezogene, der ihn unter fahrlässiger Verkennung der Fälschung bar eingelöst hat, dem berechtigten Inhaber auf Schadensersatz? 31

— inwiefern hat der Bezogene, der einen verfälschten Sch. eingelöst hat, einen Ersatzanspruch gegen den Aussteller? . . 55

— muß die Vorlegungsbescheinigung des § 16 Nr. 1 ScheckG. in der Frist des § 11 ausgestellt sein? 138

— muß das Datum wahr sein? 138

— müssen im Falle der Gesamtvertretung einer Gesellschaft alle Vertreter unterschreiben? . 138

Schiedsgericht; kann es letztwillig angeordnet werden? . . 76

— kann der Testamentsvollstrecker zugleich zum Schiedsrichter ernannt werden? 76

— zur Entscheidung nur über den Grund des Anspruchs; wird mit seinem Spruche der an sich kürzer verjährende Anspruch der 30jährigen Verjährung unterworfen? 118

Schlachtpferde; verbotswidriger Ankauf; ist der Kaufvertrag nichtig? 237

Schutzgesetz; ist die BRV. über die Einfuhr von Vieh und Fleisch v. 18. März 1916 ein Sch. zugunsten der ZEG.? . . 142

Seeversicherung; Versicherung von Gütern auf veränderter Schätzungsgrundlage und von imaginärem Gewinn . . . 90

— Bezeichnung des versicherten Interesses 90

— hat ein Versicherer, der wegen Zahlungsunfähigkeit des Versicherungsnehmers nach den AllgSVB. von 1867 § 160 Abs. 2 die Versicherung für erloschen erklärt, trotzdem einen Anspruch auf Prämienzahlung für die nach dem Erlöschen liegende Versicherungszeit? . 216

Streitgenossenschaft, notwendige; nicht vorhanden, wenn der Zedent gegen den Zessionar und den von diesem verklagten Schuldner die Hauptinterventionsklage erhebt 60

T

Testamentsvollstrecker; letztwillige Ernennung zum Schiedsrichter 76
— wann kann er eine Nachlaßforderung mit der Wirkung geltend machen, daß die sechsmonatige Verjährungsfrist des § 207 BGB. zu laufen beginnt? 279

Trachten nach dem Leben im Sinne des § 1566 BGB. . . . 114

Tumultschaden nach dem preuß. Ges. v. 11. März 1850; haftet die Gemeinde auch dann, wenn ein Auflauf nicht aus örtlichen Ursachen entstanden und die Teilnehmer militärisch organisiert sind? 10
— kann offene Gewalt vorliegen, wenn kein unmittelbarer körperlicher Zwang ausgeübt wird? 10
— wann sind die getroffenen Gegenmaßregeln gesetzlich? . . 10
— Anwendbarkeit des § 193 BGB. auf die 14tägige Ausschlußfrist des § 5 TG. 18
— wird die Anwendung des TG. dadurch ausgeschlossen, daß die revolutionäre Bewegung siegreich ist? 243
— zum zeitlichen Geltungsbereich des RG. v. 12. Mai 1920 243

U

Umgehung des Gesetzes . . 212

Unerlaubte Handlung gegen eine noch nicht vorhandene Person 175

V

Valuta; Klausel, daß der deutsche Schuldner die Gefahr des Sinkens der deutschen V. zu tragen habe 79

Verbotsgesetz; Nichtigkeit wegen Verstoßes dagegen . . . 39
— ist die gesetzliche Androhung der Einziehung erheblich für die Frage, ob der Vertrag nichtig ist? 39

Verein; liegt den Rechtsbeziehungen zu seinen Mitgliedern ein gegenseitiger Vertrag zugrunde? 1

Verjährung eines Anspruchs, der von einem nur hierzu berufenen

Schiedsgerichte dem Grunde nach festgestellt wird . . . 118

— Beginn des Laufs der Frist des § 207 BGB. im Falle der Testamentsvollstreckung . 279

— Unterbrechung der Frist des § 110 RStempG. vom 3. Juli 1913 durch Erhebung einer dem § 256 ZPO. nicht völlig entsprechenden Feststellungsklage 149

Versicherung für die Zeit vor Vertragsschluß 222
s. auch Haftpflichtversicherung, Seeversicherung.

Vollstreckungsgegenklage nicht zulässig gegen rechtsgestaltende Urteile, insbes. Scheidungsurteile 98

Vorteilsausgleichung bei Schadensersatzansprüchen 90

— wenn der Wert des vom ausgefallenen Hypothekengläubiger erstandenen Grundstücks erst durch spätere unvorhersehbar gewesene Ereignisse gesteigert wurde? 255

W

Waffengebrauch des Militärs; zur Anwendung des preuß. Ges. vom 20. März 1837 . . . 25

Warenzeichen; setzt § 23 WZG. einen ausländischen Geschäftsbetrieb voraus? . . . 3

— Bedeutung einer Lizenz am W 3, 22

— Voraussetzungen des Anspruchs aus § 6 Abs. 2 WZG. . 3

— wann wird ein Wortzeichen zum Warennamen und Freizeichen? 3

— können ursprünglich verwechselungsfähige W. durch ungestörten jahrelangen Gebrauch nebeneinander ihre Verwechselungsfähigkeit verlieren? 264

— kann nach § 12 WZG die Löschung einer Firma verlangt werden, die das eingetragene W. als Bestandteil aufgenommen hat? 266

Wechsel; muß bei der Bezeichnung des Fiskus als Remittenten die zur Vertretung berufene Behörde hinzugefügt werden? . . 167

— Übereinstimmung zwischen Adresse und Akzept . . 227

— zu den Erfordernissen des Protestes 227

Werkvertrag; kann der Unternehmer neben der Vergütung für Herstellung des Werkes eine Entschädigung aus § 642 BGB. fordern? 46

— schließt eine vorübergehende Verhinderung des Bestellers dessen Annahmeverzug im Sinne des § 642 aus? 46

Wiedereinsetzung in den vorigen Stand gegen den Ablauf der Berufungsfrist 268

Z

Zeuge; Rüge der Nichtvereidigung 199

— rechtliches Interesse am Ausgange des Rechtsstreits . 199

— macht die verspätete Benachrichtigung einer Partei vom Vernehmungstermine die Beweisaufnahme stets ungültig? 174

B. Gesetzesregister.

1. Reichsgesetze.

a. Bürgerliches Gesetzbuch.

§ 12 . 185—187
§ 28 . . 142
§ 30 . . . 220
§ 31 . . . 220
§ 85 . . 234, 235
§ 89 . . . 220
§ 114 . . . 270
§ 119 . 207, 270
§ 123 . . 207
§ 133 . . . 204
§ 134 40, 161, 237, 238, 239, 248
§ 138 . 42, 130, 249
§ 139 . . 240, 276
§ 155 . 134—138
§ 157 . 80, 117, 131, 135, 136, 204, 260
§ 164 . . . 192
§ 166 . . . 249
§ 177 . . . 171
§ 186 . . . 20
§ 187 . . . 20
§§ 187—193 . 20
§ 188 . 20
§ 193 . 18—22
§ 195 . . 204
§ 202 . . . 65
§ 207 . 279—284
§ 209 . 118—123, 150, 282
§ 212 . . . 150
§ 218 . 118—123
§ 220 . 118—123
§ 226 . . 74, 215
§ 242 80, 131, 136
§ 249 . . 256, 257
§ 254 . . 44, 58
§ 267 . . 157
§ 273 . 285
§ 274 . . . 198
§ 276 . . 70, 220
§ 278 . . . 58
§ 306 . 161
§§ 320 flg. . . 2
§ 322 . . . 198
§ 325 . . . 131
§ 326 . . . 194
§ 332 . . . 77
§ 401 . . . 157
§ 421 . . . 204
§ 459 . 161, 204
§§ 459 flg. . . 203
§ 477 . 120, 202—204
§ 538 . . 43, 44
§ 631 . 38, 46—48
§ 632 . . . 130
§ 640 . . . 38
§ 642 . 46—48
§ 643 . . . 47
§ 645 . . . 47
§ 649 . . . 47
§ 666 . . . 97
§ 667 . . 97, 145
§ 670 . . . 59
§ 671 . . . 97
§ 681 . . . 145
§ 687 . 142—147

§ 705 . . . 3
§ 726 . . . 166
§ 730 . . . 166
§§ 732—735 . 166
§ 733 . . . 166
§ 745 . . . 173
§ 810 . . 154
§ 812 . . 130
§ 817 . 159—162, 250
§ 823 . 39, 69—71, 142—147, 183, 185, 213, 214, 220, 278, 279
§§ 823 flg. . 287
§ 826 . 7, 8, 144, 146, 157, 175—178, 183, 185, 207, 215, 287
§ 831 . . 71, 220
§ 839 . 102, 103, 128, 129, 188—190, 220, 287
§ 858 . . 69, 73
§ 868 . . . 193
§ 904 . . 72, 73
§ 905 . . 69—75
§ 932 . . . 194
§ 985 . . . 219
§ 1004 . . 72, 73
§ 1030 . . . 158
§ 1047 156—158
§ 1121 . . . 89
§ 1123 . . . 158
§ 1124 . . . 158
§ 1159 . . . 157
§ 1178 . . 157
§ 1223 . . . 277
§ 1235 . . . 276
§ 1242 . . . 277
§ 1243 . 276—278
§ 1244 . 276, 277
§ 1245 . . . 276
§ 1252 . . . 277
§ 1273 . 275, 276
§ 1277 . 276, 278
§ 1328 . . . 277
§ 1381 . . . 193
§ 1396 . . . 194
§ 1404 . . . 194
§ 1427 . . . 200
§ 1565 . . 109, 114
§ 1566 . . 114, 115
§ 1568 . 106, 107, 110, 114
§ 1569 . 106—110
§ 1574 . . . 99
§ 1635 . . . 178
§ 1636 . 178—182
§ 1777 . . . 77
§ 1910 . . . 106
§§ 1937—1941 77
§ 1940 . . 77, 172
§ 2038 . . . 173
§ 2039 . . 97, 166
§ 2042 . . . 97
§ 2048 . . . 77
§ 2065 . . 77, 78
§ 2197 . . . 77
§ 2202 . . . 281
§ 2204 . . . 97
§ 2212 . . . 281
§ 2218 . . . 97
§ 2226 . . . 97
§ 2333 . . . 115
§ 2336 . . . 77
§ 2368 . . . 282

b. Einführungsgesetz z. Bürgerlichen Gesetzbuche.

Art. 201 . . 246

c. Handelsgesetzbuch von 1897.

§ 125 . . . 142
§ 146 . . . 167
§ 150 . . . 142
§ 202 . . 177
§ 232 . . . 142
§ 430 . 104, 105
§ 433 . . . 163
§ 435 . . . 163
§ 437 . . 163
§ 455 . . 164
§ 456 . . . 86
§ 457 . . 54, 104
§ 459 . 83, 84, 86, 87

§ 466 . . . 54
§ 467 . 110—112
§ 812 . . . 218
§ 894 . . . 216
§ 897 . . . 217
§ 1004 . . . 267

d. Gerichtsverfassungsgesetz.

§ 13 . 172, 219, 220
§ 137 . . . 134

e. Zivilprozeßordnung.

§ 61 . . . 89
§ 62 . . 62
§ 63 . . . 61
§ 69 . . . 89
§ 98 . . . 125
§ 99 . . . 125
§ 171 . . . 142
§ 222 . . . 22
§ 233 . . . 269
§ 234 . 268—270
§ 236 . 268—270
§ 256 . 8, 98, 120, 121, 149, 150
§ 268 . . 96—98, 208
§ 271 . . . 125
§ 274 . . . 76
§ 286 . 7, 107, 155, 192, 215
§ 295 . . . 200
§ 303 . . . 120
§ 304 . 120—122
§ 306 . . . 125
§ 357 . . . 174
§ 385 . . . 200
§ 391 . . 200
§ 393 . . . 200
§ 397 . . . 174
§ 464 . . . 281
§§ 465—467 194—197
§ 529 . 208, 209
§ 549 . 233, 246
§ 550 . . . 246
§ 565 . . 22, 60
§ 580 . . . 99
§ 593 . . . 282
§ 614 . 208, 209
§ 616 . 106—110, 209
§ 623 . 106—110
§ 628 . . . 125
§ 708 . . 101
§ 726 . . . 199
§ 756 . . . 199
§ 765 . . 199
§ 767 . 99—101, 126, 198, 199
§ 769 . . . 101
§ 775 . . . 101
§ 868 . . . 101
§§ 894 flg. . . 101
§ 1026 . . . 79
§§ 1028 flg. . 78
§ 1032 . . . 79
§ 1040 . . . 123
§ 1048 . . 77, 78

f. Gewerbeordnung.

§ 16 . . . 31
§§ 16 flg. . . 146
§ 26 . . 72—74
§ 51 . . . 72
§ 147 . . . 31

g. Konkursordnung.

§ 17 . . . 2
§§ 29 flg. . . 68
§ 30 . . 62—69
§ 64 . . 87—90
§ 102 . . . 67
§ 237 . . . 242

h. Wechselordnung. in der Fassung der Bekanntmachung vom 3. Juni 1908.

Art. 4 . 167—171
Art. 21 . . . 228
Art. 41 . . . 140
Art. 75 . 171
Art. 78 . . . 281

Art. 88 . 229, 230
Art. 90 . . . 140

i. Strafgesetzbuch.

40 . . . 221
§ 42 . . . 221
§ 115 . . . 14
§ 152 . . . 221
§ 158 . . . 283
§ 163 . . . 283
§ 295 . . . 221
§ 360 . . . 221
§ 367 . . . 221
§ 369 . . . 221

k. Strafprozeßordnung.

§ 94 . . . 221
§§ 477 flg. . . 221

l. Einzelne Gesetze und Verordnungen.

1867. Allgemeine Seeversicherungsbedingungen auf Grund des Allgemeinen Deutschen Handelsgesetzbuchs.

§ 2 92
§ 22 . . . . 91, 92
§ 24 94
§ 59 218
§ 102 91
§ 154 . . . 216, 218
§§ 154 flg . . . 216
§ 157 . . . 217, 218
§ 160 . . . 216—218

1871. 7. Juni. Reichshaftpflichtgesetz (RGBl. S. 207).

§ 3 225

1874. 11. Mai Bekanntmachung, betr. das Betriebsreglement für die Eisenbahnen Deutschlands (RZBl. S. 179).

§ 67 85

1876. 11. Januar. Gesetz, betr. das Urheberrecht an Mustern und Modellen (RGBl. S. 11).

§ 1 253

1879. 14. Mai. Gesetz, betr. den Verkehr mit Nahrungsmitteln, Genußmitteln und Gebrauchsgegenständen (RGBl. S. 145).

§ 10. . . . . . . 39—41
§ 11. . . . . . . 39—41
§ 12. . . . . . . 39—42
§§ 12—14 40
§ 15 . . . . . . 39—42

1884. 9. Juni. Gesetz gegen den verbrecherischen und gemeingefährlichen Gebrauch von Sprengstoffen (RGBl. S. 61).

§ 1 31
§ 9 81

1890. 14. Oktober. Internationales Übereinkommen über den Eisenbahnfrachtverkehr (RGBl. 1892 S. 793).

Art. 29 52
Art. 30 52
Art. 30—40 . . . 54, 55
Art. 31 52
Art. 34 54
Art. 39 52
Art. 40 54
Art. 41 . . 50—55

1891. 1. Juni. Gesetz, betr. den Schutz von Gebrauchsmustern (RGBl. S. 290).
§ 1 . . 36, 37
§ 4 . . . . 37, 38
§ 6 . . . . . 35, 37

1894. 12. Mai. Gesetz zum Schutze der Warenbezeichnungen (RGBl. S. 441).
§ 4 . 4 7, 9, 10
§ 5 7
§ 6 . . . . . 3—10
§ 9 8
§ 12 . 8, 9, 185, 266, 267
§ 13 . . . 183, 185, 267
§ 14 185
§ 15 . . . . 250—255
§ 23 . . . . 3—10

1898. 20. Mai. Gebührenordnung für Gerichtsvollzieher (RGBl. S. 683).
§ 21 127
§ 24 . . . . . . 127, 128

1898. 20. Mai. Gesetz, betr. die Anfechtung von Rechtshandlungen eines Schuldners außerhalb des Konkursverfahrens (RGBl. S. 709).
§ 2 90
§ 3 . . . . 88, 90

1898. 20. Mai. Gesetz, betr. die Gesellschaften mit beschränkter Haftung (RGBl. S. 846).
§ 15 . . . . . 202, 276
§ 35 142
§ 46 177

1899. 26. Oktober. Bekanntmachung, betr. die Eisenbahn-Verkehrsordnung (RGBl. S. 557).
§ 77 85

1908. 11. März. Scheckgesetz (RGBl. S. 71).
§ 11 . . . . . 138—142
§ 14 . . . . 32—34
§ 16 . . 138—142

1908. 30. Mai. Gesetz über den Versicherungsvertrag (RGBl. S. 263).
§ 2 . . . 222—224
§ 38 217

§ 39 217
§ 155 227

1908. 23. Dezember. Eisenbahn-Verkehrsordnung (RGBl. 1909 S. 93).

§ 6 . . . . 84, 87
§ 42 163
§ 54 . . . . . 110—112
§ 81 163
§ 84 86
§ 86 . . . . 82—87
§ 88 104
§ 96 . . . . . 110—112

1909. 7. Juni. Gesetz gegen den unlauteren Wettbewerb (RGBl. S. 499).

§ 1 . . . 7, 8, 185, 267
§ 3 185
§ 16 185

1910. 22. Mai. Gesetz über die Haftung des Reichs für seine Beamten (RGBl. S. 798) . 25—28

1913. 3. Juli. Reichsstempelgesetz (RGBl. S. 639).

§ 110 . . . . 149, 150

1914. 4. August (1914. 17. Dezember; 1915. 21. Januar). Gesetz, betr. Höchstpreise (RGBl. 1914 S. 339 u. 516; 1915 S. 25). . . . 240, 247

1914. 8. August. Bekanntmachung, betr. die Anordnung einer Geschäftsaufsicht zur Abwendung des Konkursverfahrens (RGBl. S. 363) . 62, 63

§ 5 66
§ 8 66

1914. 10. Dezember. Bekanntmachung über Höchstpreise für Kupfer, altes Messing, alte Bronze, Rotguß, Aluminium, Nickel, Antimon und Zinn (RGBl. S. 501) . . 247

1915. 24. Juni. Bekanntmachung über die Sicherstellung von Kriegsbedarf (RGBl. S. 357) 160, 249

§ 4 248

1915. 28. Juni. (1916. 29. Juni). Bekanntmachung über den Verkehr mit Brotgetreide und Mehl aus den Erntejahren 1915 und 1916 (RGBl. S. 363; 1916 S. 613).

§ 9 240

1915. 9. Oktober. Bekanntmachung, betr. die Änderung der Bekanntmachung über die Sicherstellung von Kriegsbedarf vom 24. Juni 1915 (RGBl. S. 645 160

1915. 25. November. Bekanntmachung, betr. Änderung der Bekanntmachung über die Sicherstellung von Kriegsbedarf vom 24. Juni 1915 (RGBl. S. 778) . . 160

1916. 22. Januar. Kreisordnung für das Generalgouvernement Warschau (VerordBl. für das Gouvernement Warschau Nr. 20). . . . 116—117

Art. IV 117
Art. V 117
Art. VII 117
Art. X 117

1916. 18. März. Bekanntmachung über die Einfuhr von Vieh und Fleisch sowie Fleischwaren (RGBl. S. 175) 142—147

1916. 22. März. AusfBestimmungen z. BRVO. v. 18. März 1916 über die Einfuhr von Vieh und Fleisch sowie Fleischwaren (RGBl. S. 179) 142—147

§ 5 . . . . . . 143, 144
§ 8 143
§ 12 146

1916. 10. Juni. Bekanntmachung über die Regelung des Verkehrs mit Web-, Wirk- und Strickwaren für die bürgerliche Bevölkerung (RGBl. S. 463).

§ 7 240

1916. 24. Juni. Verordnung über den Handel mit Lebens- und Futtermitteln und zur Bekämpfung des Kettenhandels (RGBl. S. 581).

§ 9 240

1916. 31. Juli. Bekanntmachung, betr. die Außerkraftsetzung der Bekanntmachung über Höchstpreise für Kupfer usw. vom 10. Dezember 1914 (RGBl. S. 867) 247

1916. 13. Dezember. (1918. 14. Juni). Bekanntmachung über Pferdefleisch (RGBl. S. 1357; 1918 S. 655).

§ 2a 238, 239
§ 6 239

1916. 14. Dezember. Bekanntmachung über die Geschäfts-

aufsicht zur Abwendung des Konkurses (RGBl. S. 1363) 1, 63
§ 4 65
§ 5 66
§ 6 . . . . 63, 65
§ 7 65
§ 9 . . . . 1, 2
§ 12 65
§ 13 . . . . 63, 65
§ 19 2
§ 27 2
§ 42 2
§ 59 2
§ 66 66
§ 68 2
§ 71 . . . . 65, 67
§ 75 67
§ 80 . . . . 63, 66

1917. 8. Februar. Bekanntmachung über den Zahlungsverkehr mit dem Auslande (RGBl. S. 105) 240

1917. 22. März Bekanntmachung, betr. einige die Kriegsverordnungen ergänzende Vorschriften über Einziehung und über Veräußerung beschlagnahmter Gegenstände (RGBl. S. 255).
Art. II . . . 221, 222

1918. 7. März. Verordnung gegen den Schleichhandel (RGBl. S. 112).
§ 3 221

1918. 8. Mai. Verordnung gegen Preistreiberei (RGBl. S. 395) 103—105, 235—237, 240
§ 1 105
§ 4 41
§ 15 41
§ 19 . . . . . . 236, 237

1918. 30. November. Verordnung über die Wahlen zur verfassunggebenden deutschen Nationalversammlung (Reichswahlgesetz) (RGBl. S. 1345) 26

1919. Allgemeine Deutsche Seeversicherungsbedingungen.
§ 17 217

1919. 6. Dezember. Kaffee-Ersatzmittelverordnung (RGBl. S. 1954) 39

1920. 12. Mai. Gesetz über die durch innere Unruhen verursachten Schäden (RGBl. S. 941).
§ 14 . . . . . . 243—246
§ 15 . . . . . . 243—246

2. Landesrecht.

Baden.

1848. 1. April. Gesetz, betr. die Entschädigungspflicht der Gemeindeangehörigen wegen der bei Zusammenrottungen verübten Verbrechen (RegBl. S. 90).

§ 1 17

Preußen.

a. Allgemeines Landrecht.

Einl. § 75 . . . . 69, 72

Teil II Titel 11 § 584 . . 274

„ „ 11 §§ 720 flg. 274

„ „ 11 § 789 . 274

b. Einzelne Gesetze und Verordnungen.

1837. 20. März. Gesetz über den Waffengebrauch des Militärs (GS. S. 60). 25—28

§ 7 28

§ 10 28

1842. 11. Mai. Gesetz über die Zulässigk. des Rechtsweges in Beziehung auf polizeil. Verfügungen (GS. S. 192) 220

1850. 11. März. Tumultschadensgesetz (GS. S. 199) 10, 243—246

§ 1 . . . . 12—14, 244

§ 2 . . . . . 12, 14, 15

§ 3 . . . . 12, 14

§ 5 . . . . . 11, 18—22

1872. 13. Dezember. Kreisordnung f. die Provinzen Preußen, Brandenburg, Pommern, Posen, Schlesien und Sachsen (GS. S. 661).

§ 76 190

1892. 28. Juli. Gesetz über Kleinbahnen und Privatanschlußbahnen (GS. S. 225) . 74

1898. 2. Juli Gesetz, betr. die Diensteinkommen der katholischen Pfarrer (GS. S. 260).

Art. 1 271

Art. 6 271

1899 30. Juli Gesetz, betr. die Anstellung und Versorgung

der Kommunalbeamten (GS. S. 141).
§ 7 . . . . 188, 189

1899. 21. September. Gesetz über die freiwillige Gerichtsbarkeit (GS. S. 249)
§ 101 . . . . . 284—288
§ 177 286

1909. 1. August. Gesetz über die Haftung des Staates und anderer Verbände für Amtspflichtverletzg. von Beamten bei Ausübung der öffentlichen Gewalt (GS. S. 691) 102, 103, 128, 220, 287
§ 1 103
§ 4 190

Reuß.

1879. 2. September. Regierungs-Verordnung, betr. die Dienst- und Geschäftsverhältnisse der Gerichtsvollzieher (GS. S. 189). 127

Sachsen.

Bürgerliches Gesetzbuch.

§ 793 25

1868. 15. Juni. Gesetz, betr. die juristischen Personen (Ges.- u. VOBl. S. 315).
§ 6a 231

Sachsen-Coburg-Gotha.

1899. 23. Oktober (1909. 26. Jan.; 1912. 6. März). Berggesetz (GS. S. 125; 1909 S. 57; 1912 S. 8) 211

Württemberg.

1828. 21. Mai. Gesetz, betr. die vollständige Entwickelung des neuen Pfandsystems (RegBl. S. 361) 211

3. Gemeines Recht.

Concilium Tridentinum.

Sessio XXI cap. 4 272
Sessio „ „ 7 272

4. Ausländisches Recht.

Frankreich.

1795. 2. Oktober Gesetz vom 10. Vendémiaire IV 13, 15

Österreich.

1906. 3. April. Gesetz über den Scheck (RGBl. S. 715).
§ 16 140

1914. 10. Dezember. Kaiserliche Verordnung über die Einführung einer Konkursordnung, einer Ausgleichsordnung und einer Anfechtungsordnung (RG-Bl. S. 1245).
§ 3 68
§ 4 68
§ 8 68
§ 31 68
§ 45 68
§ 56 68

Schweden.

1884. 5. Juli. Königliche Verordnung über den Schutz der Fabrik- und Handelsmarken.
§ 1 5
§ 8 5

Schweiz.

1889. 11. April. Bundesgesetz über Schuldbetreibung und Konkurs.
Art. 265 . . . 241—243

Entscheidungen

des

Reichsgerichts.

Herausgegeben

von

den Mitgliedern des Gerichtshofes
und der Reichsanwaltschaft.

Entscheidungen in Zivilsachen

Neue Folge

Fünfzigster Band.

Der ganzen Reihe hundertster Band.

Berlin und Leipzig 1921
Vereinigung wissenschaftlicher Verleger
Walter de Gruyter & Co.
vormals G. J. Göschen'sche Verlagshandlung :: J. Guttentag, Verlags-
buchhandlung :: Georg Reimer :: Karl J. Trübner :: Veit & Comp.

Entscheidungen

des

Reichsgerichts

in

Zivilsachen.

Neue Folge.

Fünfzigster Band.

Der ganzen Reihe hundertster Band.

Berlin und Leipzig 1921.

Vereinigung wissenschaftlicher Verleger

Walter de Gruyter & Co.

vormals G. J. Göschen'sche Verlagshandlung :: J. Guttentag, Verlagsbuchhandlung :: Georg Reimer :: Karl J. Trübner :: Veit & Comp.

Druck von Metzger & Wittig in Leipzig.

C. Zusammenstellung der Entscheidungen nach der Zeitfolge.

						Seite
1920.	Urt.	v.	29. April	IV	518/19	1
"	"	"	12. Juni	I	54/20	50
"	"	"	16. "	V	37/20	55
"	"	"	18. "	II	486/19	3
"	"	"	18. "	II	65/20	39
"	"	"	1. Juli	VI	24/20	69
"	"	"	5. "	VI	66/20	10
"	"	"	5. "	VI	76/20	18
"	"	"	6. "	II	30/20	22
"	"	"	8. "	III	53/20	25
"	"	"	9. "	VII	73/20	29
"	"	"	10. "	V	437/19	31
"	"	"	10. "	I	100/20	35
"	"	"	17. September	III	92/20	42
"	"	"	17. "	II	90/20	45
"	"	"	21. "	VII	143/20	46
"	"	"	21. "	II	102/20	48
"	"	"	21. "	III	143/20	129
"	"	"	22. "	V	329/20	60
"	"	"	27. "	IV	2/20	76

						Seite
1920.	Urt.	v.	28.	September	VII 93/20	62
"	"	"	29.	"	I 140/20	82
"	"	"	30.	"	VI 229/20	79
"	"	"	1.	Oktober	VII 92/20	87
"	"	"	1.	"	II 127/20	194
"	"	"	2.	"	I 88/20	90
"	"	"	4.	"	IV 222/20	95
"	"	"	5.	"	VII 166/20	98
"	"	"	5.	"	III 213/20	102
"	"	"	6.	"	I 135/20	103
"	"	"	7.	"	VI 283/20	106
"	"	"	9.	"	I 131/20	110
"	"	"	12.	"	II 157/20	112
"	"	"	12.	"	VII 152/20	114
"	"	"	12.	"	II 176/20	116
"	"	"	12.	"	VII 168/20	118
"	"	"	14.	"	VI 315/20	123
"	"	"	15.	"	III 97/20	127
"	"	"	15.	"	III 136/20	128
"	"	"	16.	"	V 34/20	138
"	"	"	18.	"	VI 172/20	142
"	"	"	19.	"	II 172/20	147
"	"	"	19.	"	VII 156/20	149
"	"	"	19.	"	II 199/20	150
"	"	"	19,	"	II 173/20	197
"	"	"	20.	"	V 144/20	155
"	"	"	20.	"	I 144/20	162
"	"	"	21.	"	IV 163/20	178
"	"	"	21.	"	VI 271/20	241

						Seite
1920.	Urt.	v.	22.	Oktober	III 138/20	134
„	„	„	22.	„	II 143/20	159
„	„	„	23.	„	V 168/20	165
„	„	„	25.	„	VI 139/20	243
„	„	„	26.	„	II 53/20	246
„	„	„	27.	„	V 332/20	167
„	„	„	28.	„	VI 261/20	171
„	„	„	29.	„	III 174/20	174
„	„	„	29.	„	II 324/14	182
„	„	„	2.	November	II 168/20	175
„	„	„	2.	„	III 137/20	188
„	„	„	2.	„	VII 190/20	190
„	„	„	2.	„	II 475/20	199
„	„	„	2.	„	II 162/20	200
„	„	„	11.	„	VI 278/20	205
„	„	„	12.	„	VII 232/20	208
„	„	„	13.	„	I 176/20	216
„	„	„	15.	„	I 133/20	210
„	„	„	15.	„	VI 372/20	213
„	„	„	15.	„	VI 317/20	219
„	„	„	16.	„	VII 179/20	222
„	„	„	16.	„	VII 53/20	224
„	„	„	18.	„	V 327/20	227
„	„	„	18.	„	VI 357/20	230
„	„	„	19.	„	II 180/20	235
„	„	„	19.	„	III 220/20	237
„	„	„	19.	„	II 195/20	250
„	„	„	20.	„	V 471/19	255
„	„	„	20.	„	I 170/20	258

						Seite
1920.	Urt.	v.	23.	November	II 206/20	264
"	"	"	23.	"	II 207/20	266
"	"	"	23.	"	III 235/20	268
"	"	"	23.	"	VII 484/19	271
"	"	"	26.	"	VII 286/20	274
"	"	"	27.	"	V 179/20	279
"	"	"	3.	Dezember	III 187/20	284

Zusammenstellung

der

im hundertsten Bande, der neuen Folge fünfzigsten Bande,

mitgeteilten Entscheidungen

nach

Oberlandesgerichtsbezirken.

Berlin . . . . . 1. 3. 10. 18. 31. 55. 69. 79. 82. 87. 116. 128. 129. 138. 149. 155. 159. 167. 175. 182. 190. 194. 197. 222. 224. 227. 243. 246. 255. 279. 284.

Braunschweig . 60.

Breslau . . . . 50. 162. 219. 268.

Celle. . . . . . . 98. 102. 114. 208.

Darmstadt . . . 250.

Dresden . . . . 22. 106. 230. 264. 266.

Düsseldorf . . . 35. 142. 205.

Frankfurt a.M. 25. 178. 271.

Hamburg . . . 39. 46. 48. 90. 103. 171. 199. 216. 235.

Hamm . . . . . . 76. 213.

Jena . . . . . . 127. 274.

Karlsruhe . . . 174. 241.

Köln . . . . . . 42. 62. 110. 112. 118. 123. 147.

Königsberg . . 45. 237.

Naumburg a. S. 95. 165. 188. 200. 258.

Nürnberg . . . 150.

Stuttgart . . . . 29. 134. 210.

Berichtigung.

Achtundneunzigster Band.

S. 39 Z. 12 v. o. statt „Bd. 96 S. 342“ lies „Bd. 95 S. 342“.

FSC
www.fsc.org
MIX
Papier | Fördert gute Waldnutzung
FSC® C083411

Kolibri 360 GmbH
Ferdinand-Jühlke-Straße 7
99095 Erfurt, Deutschland
produktsicherheit@kolibri360.de